CONTES ET FOMANS ALSACIENS

UNE

CAMPAGNE EN KABYLIE

LES ANNÉES DE COLLÈGE DE
MAITRE NABLOT — UNE VEILLÉE AU VILLAGE —
LE PATÉ DE LAPINS — L'EXILÉ

PAR

ERCKMANN - CHATRIAN

ILLUSTRATIONS PAR TH. SCHULER

ŒUVRES COMPLÈTES

ILLUSTRÉES

ROMANS
NATIONAUX

Le Conscrit
de 1813
Madame Thérèse
ou les
Volontaires de 92
L'Invasion
Waterloo
L'Homme du peuple
Le Blocus
La Guerre

HISTOIRE
DE LA
RÉVOLUTION
FRANÇAISE
RACONTÉE
PAR UN PAYSAN
1789 à 1815

ŒUVRES COMPLÈTES
ILLUSTRÉES

ROMANS
POPULAIRES

L'illustre
Docteur Mathéus
Hugues le Loup
Maitre
Daniel Rock
Contes
des
Bords du Rhin
L'ami Fritz
Confidences
d'un
Joueur de Clarinette
La
Maison forestière
Le Juif Polonais

CONTES ET ROMANS
ALSACIENS

Histoire
du
Plébiscite
Histoire
d'un
Sous - maitre
Les Deux Frères
Le
Brigadier Frédéric
Une Campagne
en Kabylie
Maitre
Gaspard Fix

En préparation :

SOUVENIRS D'UN ANCIEN CHEF DE CHANTIER

PARIS
J. HETZEL ET Cie, ÉDITEURS, 18, RUE JACOB

L'ouvrage complet. Tous droits de traduction et de reproduction réservés. Prix : 1 fr. 40 c.

UNE

CAMPAGNE EN KABYLIE

———

ÉDITION ILLUSTRÉE

Paris. — Imprimerie GAUTHIER-VILLARS, 55, quai des Grands-Augustins.

UNE CAMPAGNE

EN KABYLIE

RÉCIT

D'UN CHASSEUR D'AFRIQUE
LES ANNÉES DE COLLÉGE DE MAITRE NABLOT —
— UNE VEILLÉE AU VILLAGE —
— LE PATÉ DE LAPIN. — L'EXILÉ —

PAR

ERCKMANN-CHATRIAN

ILLUSTRÉS DE 22 DESSINS

PAR

THÉOPHILE SCHULER

GRAVURES PAR PANNEMAKER

PARIS
J. HETZEL, LIBRAIRE-ÉDITEUR, 18, RUE JACOB.
1876

UNE
CAMPAGNE EN KABYLIE

RÉCIT D'UN CHASSEUR D'AFRIQUE

Un bon cheval entre les jambes, un sabre à la ceinture... (p. 1).

Écoute, me dit mon ami Goguel, tu es un homme de paix, un homme amoureux du bétail, des abeilles et de tout ce qui regarde la vie des champs; c'est tout naturel, de père en fils dans ta famille on ne fait que labourer, semer et récolter; mais il ne faut pas croire que les autres vous ressemblent; il ne faut pas dire non plus que l'Éternel est avec vous seuls; si l'Éternel n'aimait que la paix, est-ce qu'il aurait créé et mis au monde les éperviers pour manger les poules, les loups pour manger les moutons et les brochets pour avaler les carpes ?

Quant à moi, je ne te cache pas que j'ai toujours eu plus de plaisir à me sentir un bon cheval entre les jambes, un sabre à la ceinture et

1

un mousqueton sur la cuisse, que d'être assis devant une charrette pour conduire des légumes au marché.

Que veux-tu? A chacun son caractère! Le plus beau jour de ma vie, c'est le 30 mars 1871, quand Grosse, vieux trompette au 1er chasseurs d'Afrique, à Blidah, sonna vers une heure aux fourriers de tous les escadrons, et qu'en entrant dans la salle du rapport, je vis l'adjudant Pigacé qui me souriait en se retroussant les moustaches.

Je sentis aussitôt qu'il allait m'arriver quelque chose d'agréable, et je ne me trompais pas ; à peine les camarades réunis, l'adjudant s'écria :

« Ordre du jour. — Quel numéro avons-nous? Personne n'en sait rien !... Allons, vous le mettrez plus tard. — Promotions : Le colonel commandant le 1er régiment de chasseurs d'Afrique nomme maréchal des logis, Goguel (Alban-Montézuma). »

Il n'avait pas fini de parler, que j'étais un tout autre homme. Moi, Goguel, engagé pour la durée de la guerre contre la Prusse, maréchal des logis de chasseurs d'Afrique au bout de huit mois de service !... Tu ne pourras jamais comprendre ça. Je me redressais, j'allongeais mon pantalon, les deux pouces dans les poches, les épaules effacées, et je criais :

« Vive la France ! »

Les autres riaient, et l'adjudant, refermant son cahier, me dit d'un air joyeux :

« Eh ! eh ! Goguel, nous voilà le pied dans l'étrier; nous entrons dans les honneurs !... »

Tu penses bien que j'invitai les camarades à boire l'absinthe, et que nous sortîmes tous bras dessus, bras dessous, pour aller à la cantine. Jusqu'à cinq heures on ne fit que rire, trinquer et se représenter la vie en beau. Mais à cinq heures, Grosse sonne encore une fois aux fourriers. Nous sortons, et là, devant le quartier, on annonce que le maréchal des logis Goguel est désigné pour aller rejoindre le détachement à Tizi-Ouzou, avec quatre chasseurs non montés.

Tu sauras que Tizi-Ouzou se trouve en Kabylie, à trente-cinq lieues environ de Blidah, et que nous avons en cet endroit un fort qui protège les villages européens. Des hommes étaient morts là-bas, soit par maladie, soit autrement ; on envoyait quatre de nos chasseurs les remplacer et monter leurs chevaux.

C'était très-bien ; mais de faire porter le porte-manteau et les bagages à mes hommes pendant trente-cinq lieues, sous le soleil d'Afrique, cela me paraissait un peu dur. J'ai toujours pensé qu'il faut ménager le soldat autant que possible, et je passai le reste de la journée à tourmenter l'intendance pour faire voiturer mes chasseurs par la charrette et la vieille bique du père Lubin, qui remplissait ce service depuis quinze ans.

On finit par me l'accorder.

Le lendemain donc, avant le petit jour, ayant harnaché mon cheval et fait compléter les effets d'habillement de mes hommes, je leur donnai l'ordre de prendre l'avance.

Moi, je courus serrer la main de mon ami Jaquel, avoué à Blidah. Mon cheval piaffait à la porte. Nous prîmes sur le pouce un petit verre de kirschen-wasser qu'il avait reçu du pays; puis, nous étant embrassés, je sautai en selle et je rejoignis mon petit détachement d'un temps de galop.

La vieille rue des Juifs était encore déserte; quelques bonnes femmes donnaient leur coup de balai le long des murs et tournaient la tête pour voir filer le maréchal des logis à franc étrier, le sabre sonnant contre la botte.

Une fois hors de la porte d'Alger, j'eus bientôt rattrapé la charrette, qui s'en allait au pas, avec mes quatre chasseurs fumant leur pipe à la fraîcheur du matin et causant entre eux de choses indifférentes.

Un peu plus loin, nous prîmes la route de Dalmatie, chemin stratégique qui longe le pied de l'Atlas et qui devait nous conduire directement à l'Arba, notre première étape.

Jamais je n'oublierai le calme joyeux de notre départ, à cette heure matinale où la fraîcheur règne encore à l'ombre de hautes montagnes. Les cailles s'appelaient et se répondaient au milieu des blés ; elles sont innombrables en Algérie. A notre droite montait l'Atlas, avec ses broussailles de lentisques et d'ajoncs dorés ; à notre gauche s'étendait la plaine de la Métidja, couverte de récoltes, et ses mille ruisseaux qui sortent en bouillonnant des gorges voisines.

A mesure que s'élevait le soleil, les tourterelles, les rossignols et d'autres oiseaux du pays s'égosillaient dans les sycomores, et nous distinguions mieux, à travers le crépuscule, la grande masse de pierres en pyramide qu'on appelle le *Tombeau de la Reine*, et, tout au bout de l'horizon, le grand mont du Zackar.

C'était quelque chose d'immense, personne ne peut se faire une idée de cette abondance des biens de la terre.

Si l'on avait construit des chemins de fer en Algérie depuis trente ans, les villages seraient venus se poser par milliers sur leur parcours, comme on le raconte de l'Amérique ; nous aurions là une France plus belle et plus riche que la première. Mais nous autres, nous voulons que les villages existent avant d'établir des routes et des chemins de fer ; nous donnons des pays entiers à des gens qui ne cultivent rien, et puis nous avons les bureaux arabes. Tu ne sais peut-être pas ce que c'est qu'un bureau arabe, je vais te le dire, ce ne sera pas long.

D'abord, toute l'Algérie est divisée en trois grandes provinces : celle d'Alger au centre, celle d'Oran à l'ouest, et celle de Constantine à l'est.

Chacune de ces provinces a plusieurs subdivisions, qui sont administrées, les unes civilement par des préfets, comme en France, les autres militairement par des bureaux arabes.

Les bureaux arabes font tout dans ces dernières provinces ; ils répartissent les impôts, ils rendent justice, ils veillent à l'instruction publique ; ils ont même autorité sur les choses de la religion.

Aussi la place de chef d'un bureau arabe, quand ce serait le plus petit de tous, est une fameuse place, surtout en ce qui regarde les impôts. Un simple sous-lieutenant, ruiné de fond en comble par le jeu, par le luxe et toutes les mauvaises habitudes, lorsqu'il a la chance d'être attaché à quelque bureau arabe, paye ses dettes rapidement : il s'achète des immeubles, il monte des chevaux magnifiques, il marche sur des peaux de lion, enfin il mène un train de pacha, et tout cela avec sa paye de sous-lieutenant !

Tu penses bien que je ne vais pas t'expliquer comment ces messieurs s'y prennent ; cela les regarde et ne regarde pas l'armée d'Afrique : le vrai soldat est fait pour se battre, quand la patrie l'ordonne, et ne se fourre pas dans des affaires véreuses. Mais tu dois comprendre que ces gens tiennent à leurs places en proportion de ce qu'elles leur rapportent, et que tous les bureaux arabes considèrent l'administration civile comme leur plus terrible ennemie.

Nous allions donc ainsi, tout rêveurs, moi sur mon cheval Négro, et les autres sur leur carriole, le vieux Lubin devant, avec sa blouse déteinte, son morceau de chapeau gris sur l'oreille, et criant à chaque pas : « Hue, Grisette, hue ! » ce qui ne faisait pas aller la pauvre bête plus vite.

De temps en temps nous rencontrions un Arabe assis sur son cheval, les genoux en l'air, comme dans un fauteuil, le grand manteau blanc rabattu sur les étriers, le long fusil en travers de la selle, ou bien une jeune femme revenant de la source voisine, sa cruche de grès sur l'épaule.

On ne se disait ni bonjour ni bonsoir ! Je crois que ces gens-là nous méprisent, car ils passent auprès de nous sans même nous jeter un coup d'œil.

Au petit village de Dalmatie, où nous arrivâmes vers six heures du matin, mes hommes voulurent absolument m'offrir un verre de vin, que je ne pus pas leur refuser. Ce petit vin de Dalmatie était excellent ! Cela ne m'empêcha pas de leur dire, après m'être essuyé les moustaches, qu'à l'avenir on ne s'arrêterait plus en route, parce qu'un chef a des devoirs particuliers à remplir, et que s'ils se conduisaient bien, je leur ferais part d'une cinquantaine de francs que m'avait prêtés mon ami Jaquel, pour nous alléger les fatigues du voyage ; mais que s'ils me jouaient des farces, je m'en tiendrais à la solde de route. Ils me promirent que tout irait bien, et nous partîmes, n'ayant plus qu'une trentaine de kilomètres à faire dans la journée.

Tout en marchant, je riais en moi-même des chasseurs de notre pays, qui se fatiguent du matin au soir à courir après un lièvre, tandis qu'à chaque massif de chênes nains, de lentisques ou d'aloès, partaient des compagnies de perdrix dans toutes les directions.

Voilà ce qui s'appelle un pays giboyeux ! Et quant à la culture, je n'en parle pas ; on peut dire que tout pousse à foison. C'est là que devraient aller, avec leurs femmes et leurs enfants, les pauvres diables qui s'épuisent à faire pousser du seigle et des pommes de terre dans le sable de nos montagnes. Mais il ne faudrait plus de bureaux arabes, car avec les bureaux arabes nous aurons toujours des guerres en Afrique, et ceux qui cultivent ont surtout besoin de la paix.

Quelquefois, en levant le nez, nous voyions par-dessus les mûriers, les oliviers et les autres arbres, tout au haut de la côte, un berger arabe appuyé sur son grand bâton, qui nous regardait en silence.

Après cela, pour finir de te peindre le pays, nous rencontrions aussi de loin en loin un Kabyle, autre espèce d'indigènes particulièrement adonnés au commerce. Ils vont rarement à cheval, étant de vrais montagnards, et passaient auprès de nous fiers comme des patriarches, avec leurs burnous graisseux et leurs belles mules chargées d'outres pleines d'huile.

L'huile est le plus grand commerce de la

Kabylie. Dans chaque village, on trouve un pressoir, où les gens apportent leur récolte d'olives. Les Kabyles approvisionnent aussi nos marchés d'oranges, de citrons, de pêches, de grenades, de melons, de concombres, de poivrons, d'aubergines, enfin de tous les fruits et de tous les légumes qu'ils cultivent autour de leurs villages. Les grains viennent dans la plaine ; c'est l'affaire des Européens et des Arabes.

Mes chasseurs s'étaient mis à chanter des gaudrioles, qui les faisaient rire, et puis de ces vieilles chansons que le régiment avait chantées en Crimée, en Italie, au Mexique, et même à Lunéville, en Lorraine, avant d'aller à Metz et à Sedan, où les trois quarts de nos anciens avaient mordu la poussière. On devenait grave en pensant à ces braves, qui tous avaient fait leur devoir et qui dormaient maintenant dans les brouillards de la Meuse et de la Moselle.

Mais bah ! il vaut mieux être mort que de vivre comme ces gens qui rendent leur épée pour sauver leur peau et leurs fourgons ; au moins on ne connaît pas la honte, et votre mémoire élève le cœur des enfants de la patrie.

Finalement, à quatre kilomètres de l'étape, je partis en avant, sachant trouver à l'Arba mon camarade Rellin, détaché depuis environ quinze jours avec vingt hommes, à la garde d'un convoi de poudre.

Comme j'approchais de l'Arba, j'aperçus en dehors des murs le bivac, les fourgons, les tentes, les chevaux au piquet. J'y courus d'abord ; et je crois voir encore mon vieux Rellin, la barbiche en pointe, le képi sur l'oreille, en train de raccommoder une de ses bottes ; je l'entends me crier, en passant la tête à travers sa tente toute décousue :

« Hé ! c'est Goguel. D'où diable sort-il ? Ah çà ! mon vieux, tu m'apportes la solde du détachement ?

— Ma foi non ! Je n'ai rien à ton service, sauf un bon appétit, que je te recommande. »

Alors, il se mit à rire.

« Eh bien ! descends de cheval, » dit-il.

Et se tournant vers son chasseur, qui bouchonnait les chevaux plus loin, il lui cria :

« Mathis, tu vas mettre le cheval du maréchal des logis au piquet. Tu veilleras à ce que rien ne lui manque.

— Oui, maréchal des logis.

— Et tu préviendras le cuisinier que nous avons une bonne fourchette de plus au râtelier. »

Là-dessus il sortit, et me prenant par le bras :

« Arrive, dit-il, nous allons boire le vermout, en attendant que tout soit prêt. »

Nous passions déjà le petit mur du bivac, quand, se retournant encore une fois, les deux mains devant la bouche, il cria :

« Mathis, tu viendras nous prendre à l'auberge du *Colon économe*. »

Le chasseur fit signe qu'il comprenait, et nous enfilâmes une ruelle juste en face du bivac.

L'Arba est un grand et beau village européen, à l'embranchement de la route stratégique de l'Atlas avec celle d'Alger à Aumale ; ses maisons sont bien alignées, bien bâties, couvertes de tuiles et blanchies à la chaux.

Le village a son église, sa gendarmerie, son grand moulin sur l'oued Djemmaa, une belle place carrée plantée d'arbres, une grande fontaine en croix ; et dehors, à l'endroit où nous étions campés, un marché de grain et de bétail, où viennent deux fois par semaine tous les marchands des environs.

Un peu plus loin, nous entrâmes à l'auberge du *Colon économe*, qui forme le coin de deux ruelles et présente une assez belle apparence ; mais nous eûmes à peine le temps de nous asseoir, car Mathis vint nous appeler à midi juste, et nous retournâmes au bivac, où mes hommes, arrivés depuis un instant, faisaient honneur à la gamelle des camarades.

Rellin et moi, tous les deux assis sur notre selle, à l'ombre de sa tente, nous dînâmes d'une bonne poule au riz ; et, comme j'avais eu soin d'apporter de l'auberge une bouteille de vin, rien ne nous manquait ; puis nous prîmes notre café.

Tout en mangeant et nous rafraîchissant, Rellin me raconta qu'un caïd des environs d'Aumale avait refusé ses appointements et venait de nous déclarer la guerre ; que les 3e et 4e escadrons du régiment, détachés à Alger, étaient partis pour Aumale en doublant les étapes, laissant sous la garde de quelques chasseurs vingt voitures encore là, près des nôtres, et qu'il attendait, d'une minute à l'autre, l'arrivée d'un bataillon du 1er zouaves, chargé d'escorter le convoi.

Il me dit aussi que les diligences d'Alger n'arrivaient plus et que les Arabes avaient commencé par couper les fils télégraphiques.

Tout cela m'étonnait, car à Blidah, le matin même, il n'avait été question de rien.

Rellin m'assura que les Arabes avaient essayé d'acheter des cartouches chassepot à ses hommes, ce qui le forçait d'ouvrir l'œil.

Oui, cela me surprit d'abord ; l'idée de croiser le sabre avec les Arabes me réjouit ensuite.

et, rêvant à ces choses, j'allai faire un petit somme sous la tente de Rellin.

Vers quatre heures, il m'éveilla ; tout était en ordre, les chasseurs à leur poste, et nous retournâmes à l'auberge du *Colon économe*.

Des négociants d'Alger, marchands de grains et de bétail, arrivés sans doute pour le marché du lendemain, remplissaient la salle ; ils buvaient de la bière, et les deux filles de l'aubergiste avaient bien du mal à servir tout ce monde.

Ces négociants, avec leurs chapeaux de paille et leurs grosses vareuses, semblaient être de bons enfants ; la vue de l'uniforme leur fit plaisir ; ils nous invitèrent à prendre de la bière avec eux ; Rellin accepta, et bientôt on se mit à parler de politique.

Un petit vieux, la tête toute blanche, les yeux vifs et le nez pointu, rejetait tous nos malheurs sur l'Empire ; il savait tout ce qui s'était passé dans la colonie depuis quarante ans et tapait sur la table avec son petit poing. Il racontait mille abominations des bureaux arabes, des congrégations de jésuites, des sociétés financières, etc., etc.

Je ne sais pas où ce petit homme avait pris toutes ses histoires, et la seule chose qui m'en revienne aujourd'hui, c'est la fin, quand il s'écria :

« Oui, messieurs, nous en sommes là ; c'est triste, c'est pitoyable !... Mais attendez, vous en verrez bien d'autres... On raconte déjà que du côté de Bordj-bou-Arraidj les affaires se gâtent ; que Mohamet-el-Mokrani s'est révolté... Eh bien, je ne serais pas étonné qu'il y eût encore du bureau arabe là-dessous !... On dit que le nouveau gouverneur général, M. de Gueydon, arrive muni de pleins pouvoirs du gouvernement de la République, et que son premier acte sera la suppression des bureaux arabes ; j'en doute, car M. de Gueydon est un royaliste clérical ; mais les bureaux arabes, se croyant menacés, peuvent bien faire une petite insurrection, comme ils en ont fait tant d'autres, pour prouver encore une fois qu'ils sont indispensables. »

Pas un des autres négociants ne lui donna tort ; au contraire, ils semblaient tous être de son avis ; et, quant à nous, cela ne nous regardait pas, nous écoutions sans rien dire.

Vers le soir, ces gens sortirent, et nous restâmes seuls à prendre de la bière, regardant les deux filles de l'aubergiste, Mlles Marguerite et Marie, une jolie brune toute vive et une belle blonde, remettre un peu d'ordre dans la maison. La plus jeune finit par dresser la table pour le souper, et l'aubergiste, M. Pouchet,

un homme grand et sec, à mine respectable, sans doute content de notre bonne tenue, nous pria de manger la soupe en famille, ce que nous acceptâmes de bon cœur.

J'eus soin de laisser tout le monde prendre place, et de m'asseoir ensuite à côté de Mlle Marie, dont les yeux bleus et les cheveux blonds me rappelaient les jeunes filles des Vosges. Te dire ce que l'on mangea, j'en serais bien embarrassé ; c'était, je crois, une soupe aux haricots et puis un gigot à l'ail avec de la salade ; mais ce que je puis t'affirmer, c'est qu'à notre retour au bivac, vers dix heures, j'aurais donné mes galons pour être toujours assis à côté de Mlle Marie ; et que cette nuit-là, n'ayant pas dépaqueté ma tente, et m'étant couché près de Rellin, je l'empêchai de fermer l'œil à force de lui rabâcher mon admiration et mon enthousiasme.

La nuit était magnifique, claire, couverte d'étoiles ; les rossignols chantaient à plein gosier dans tous les orangers du voisinage, et la bonne odeur des fleurs me rendait fou.

« Tu dors, Rellin ? tu n'as pas honte de dormir ? disais-je en le poussant du coude.

— Non ! non !... Je t'entends bien... Va toujours !... faisait-il en se remettant tout doucement à ronfler ; je t'écoute ! »

Enfin au petit jour je me levai ; je donnai sa ration à Négro, j'éveillai le père Lubin, qui se dépêcha de fourrager sa haridelle. Les chasseurs préparaient déjà leur café, Mathis nous apporta le nôtre ; puis mon cheval étant harnaché, mes hommes sur leur charrette, je serrai la main de Rellin, et nous voilà partis pour l'Alma, notre deuxième étape.

En traversant le village, je m'arrêtai deux secondes devant l'enseigne du *Colon économe*, espérant revoir Mlle Marie et lui dire adieu ; mais elle dormait encore à la maison, et ce n'est que plus loin, au tournant de la rue, en donnant un dernier coup d'œil à l'auberge, que je vis M. Pouchet pousser ses volets et me dire de la main au revoir !

Voilà l'existence du soldat... on arrive sans penser à rien... deux grands yeux vous entrent dans le cœur... on voudrait rester... mais la trompette sonne... En route !... Durant plus d'une heure je ne fis que songer à cela, puis mes idées prirent un autre cours.

Le pays changeait, les broussailles succédaient aux cultures le long de notre chemin. Dans un certain endroit, en nous détournant, nous vîmes à gauche, par-dessus la plaine, un coin de la mer, et la ville d'Alger sur le fond bleu du ciel, avec ses maisons blanches autour de la rade. La charrette s'était arrêtée ; mes chasseurs et le père Lubin regardaient aussi ; on sentait comme une odeur de marée, que nous apportaient de petits coups de vent frais venant du large ; puis, nous étant remis en route, nous arrivâmes au Fondouck, village revêtu d'anciennes fortifications. On y fait un assez grand commerce de grains et de bétail ; et, pour notre compte, nous achetâmes en cet endroit des pommes de terre et du lard.

Le bois manquait, c'est pourquoi nous partîmes, traversant à gué le ruisseau, qui sort de l'Atlas.

Mais alors commencèrent nos misères ; le chemin à chaque pas devenait plus abominable, les roches suivaient les roches, d'une fondrière on entrait dans une autre ; la vieille bique n'en pouvait plus ; le père Lubin jurait, les chasseurs criaient, rien ne servait.

Pour comble de malheur, voilà qu'à deux kilomètres du village l'essieu de la charrette se casse ; il faut retourner au galop demander où se trouve un forgeron, pendant que mes hommes attendent. On m'en indique un sur la route que nous devions suivre. Je reviens ; on a déchargé la carriole ; on tape sur la vieille rosse, on crie pour la faire avancer. Enfin elle marche, et nous arrivons, à trois kilomètres plus loin, devant une masure où par bonheur se trouvait le forgeron Rivero, un Mahonais, petit homme basané, qui demeurait là dans la solitude, avec trois enfants.

Aussitôt arrivés, nos misères étaient oubliées ; et pendant que le soufflet allait à la forge, que le marteau sonnait sur l'enclume, mes chasseurs s'occupaient à chercher du bois, des artichauts, des oignons, de la salade, dans le petit potager derrière la baraque ; d'autres faisaient la cuisine. C'est là que j'ai mangé pour la première fois une omelette aux blancs d'artichauts, et je puis t'assurer que c'était excellent.

La charrette raccommodée, Rivero payé, on se remit en chemin, quelques crottes marquant la route à travers les cactus, les aloès, les lentisques, les rochers, les creux, les fondrières de toute sorte.

Au bout d'une heure, personne ne savait plus où nous étions, et cette bonne odeur de marée, que nous avions sentie au Fondouck, avec les petits coups de vent, nous avait amené des nuages qui crevèrent sur nous d'une manière épouvantable.

Il faut avoir vu un orage d'Afrique : ces coups de tonnerre et ces torrents d'eau qui ne finissent plus !

Le pire, c'est que nous aurions été bien embarrassés de revenir, parce que nous avions perdu notre chemin. Heureusement, après la grande averse, en regardant de tous les côtés, j'aperçus de la fumée à travers les broussailles. — On marche dans cette direction, et, quelques centaines de pas plus loin, nous arrivons près d'un gourbi arabe, sur le bord d'un petit ruisseau.

Représente-toi une hutte de charbonnier ; au milieu de la hutte, quelques brindilles qui flambent ; trois ou quatre Arabes qui dorment, une vieille accroupie devant le feu, un jeune Arabe qui coupe des feuilles de tabac, deux chiens maigres qui grognent, et un enfant qui dort sur une peau de mouton.

Voilà ce qu'on appelle un gourbi dans ce pays.

Il pleuvait toujours ; et ces gens, en train de préparer leur café, furent bien surpris de voir apparaître au milieu d'eux un maréchal des logis à cheval, des chasseurs le mousqueton en sautoir, puis la charrette et le père Lubin.

Ils regardaient tout inquiets. Je leur demandai du café pour mes hommes et pour moi ; le jeune homme se dépêcha de nous en chercher à leur gamelle. Après cela, je n'eus qu'à leur demander notre chemin, et les pauvres diables nous le montrèrent, par les petits villages de Saint-Pierre et Saint-Paul.

Nous arrivâmes à l'Alma sur les six heures du soir. C'est une longue file de maisons, traversée par une belle rivière qui galope sur le gravier, en sortant de la montagne. On y trouve un grand lavoir, où les femmes sont agenouillées et battent leur linge comme en France ; des auges où s'abreuve le bétail, une église, une gendarmerie, des jardins, des auberges, avec leurs portes cochères où stationnent des voitures et des voyageurs.

Comme l'orage avait détrempé la terre, nous ne voulions pas bivaquer ; je dis à mes hommes de me suivre, et nous descendîmes à l'auberge du roulage. Cette auberge me rappelait tout à fait celles de notre bon pays de Lorraine ; elle avait grange, écuries, hangars, grande cour derrière, pleine d'oies, de poules, de pintades.

Je demandai à l'aubergiste, jeune homme d'une trentaine d'années, la permission de mettre nos chevaux dans son écurie et de laisser mes chasseurs se coucher sous le hangar. Il y consentit volontiers. Après avoir déposé leurs sacs, mes hommes voulurent aller pêcher dans la rivière ; je n'y vis pas d'inconvénients, et ils partirent.

Moi, m'étant changé, j'allai percevoir nos

bons de vivres chez le fournisseur et faire signer à la gendarmerie mon ordre de route.

Je pourrais te raconter l'heureuse rencontre que je fis là du brigadier Lefèvre, grand gaillard à la figure militaire et le cœur sur la main, qui m'invita d'abord, selon l'habitude, à prendre l'absinthe et puis à dîner; le retour de mes chasseurs, avec une magnifique pêche de barbeaux, qu'ils accommodèrent eux-mêmes à la buanderie; et puis, pendant notre dîner, dans la grande salle tapissée d'une superbe chasse aux lions, l'arrivée du brigadier du col de Beni-Aicha, lequel avait les fièvres et voyait tout en noir, tandis que nous autres nous chantions la chansonnette et voyions tout couleur de rose! Oui, je pourrais m'étendre sur ce chapitre et te raconter notre visite à l'auberge du *Veau qui tète*, où le brigadier Lefèvre était comme chez lui, mais tout cela nous traînerait trop en longueur.

La seule chose que je ne veuille pas oublier, c'est l'arrivée en cet endroit du maître d'école Wagner, de Rothau, que tu as connu dans le temps, tu sais, le petit maître d'école alsacien, avec favoris rouges, sa grande bouche et ses yeux couleur de faïence.

Le brigadier Lefèvre et moi nous étions en train de chanter et de rire, quand tout à coup débarque d'une patache qui venait de s'arrêter devant la porte, une jeune femme avec ses paquets et ses cartons. Le brigadier crie:

« Hé! c'est Mme Wagner. »

On l'aide à déballer, on l'invite à prendre place, et notre joie redouble, parce qu'une jolie figure est toujours agréable à voir.

Cette dame parlait de son mari, de leur exploitation à la grande ferme de San-Salvator; je l'écoutais en admirant ses beaux cheveux bruns et ses dents blanches. Et voilà que le mari débarque par une autre patache; il entre, je tourne la tête : c'était mon vieux camarade Wagner, de Rothau! Oui, c'était lui-même; mais il avait aussi les fièvres, il était maigre comme un hareng saur.

Nous nous reconnaissons, il ouvre ses bras en criant :

«Montèzuma Goguel, de Saint-Dié..... Dieu du ciel ! »

Et là-dessus, il me dit d'embrasser sa femme, ce que je fis avec plaisir.

Nous buvons, nous causons du pays, de nos excursions à Fonday, dans les Vosges, chez le père Gaignière, du kirsch, du bon lard fumé, des grives, de la truite, des écrevisses, du petit vin blanc de Mutzig; l'eau nous en venait à la bouche.

La femme de Wagner riait, les deux brigadiers aussi; celui du col de Beni-Aicha n'avait plus les fièvres. Enfin, qu'est-ce que je peux te dire? Le bonheur de rencontrer un camarade de jeunesse, à cinq cents lieues du pays, en pleine Afrique.

Nous restâmes là jusqu'à cinq heures du matin, moment où nos chasseurs arrivèrent avec mon cheval, la charrette et le père Lubin, prêts à partir.

Les embrassades recommencèrent, puis je remontai sur Négro, et, n'ayant pas dormi deux nuits de suite, je m'endormis tranquillement en selle, sans voir où nous allions.

Heureusement la route est droite, et de l'Alma aux Isser on compte trente-six kilomètres : j'avais du temps devant moi.

Jusqu'au col de Beni-Aicha nous montions et je dormais; c'est à peine si j'ouvrais de temps en temps les yeux, comme en rêve; les arbres et les broussailles défilaient lentement. Mais en haut du col, l'air vif me réveilla tout à fait. Le Jurjura, ce géant de l'Atlas, était là devant nous, couvert de neige, et ses grands contre-forts de la Kabylie serpentaient à nos pieds dans la plaine Isser. C'est la retraite des lions.

L'Afrique, avec ses forêts d'oliviers, ses villages blancs, ses mosquées, son beau soleil, nous souriait toute joyeuse.

Qui se serait jamais figuré que la guerre allait se promener là dedans, avec le pillage et l'incendie ?

De ce point, notre route descendait, laissant à droite celle de Constantine. Personne ne se doutait de rien; nous allions sans méfiance, et vers midi nous arrivâmes aux Isser, large vallée où se réunissent plusieurs ruisseaux, avant de se rendre à la mer.

Nous passâmes sur un pont; quelques cents mètres plus loin, nous trouvâmes le grand caravansérail, vaste construction carrée, — une cour au milieu, un magnifique sycomore à droite de la porte, — où s'arrêtaient autrefois les caravanes, et loué maintenant à un marchand juif. A droite de cette bâtisse se tient en plein soleil le marché des Isser. Là, les vendredis matin, vers huit heures, tout est encore désert; à midi, trente mille personnes se pressent et marchandent ; huiles, grains, tabacs, corbeilles pleines de racines, d'oranges, de pêches, monceaux de melons, caffas à cinq et six étages remplis de volailles, tout s'entasse sur ce vaste terrain battu. Les Kabiles y mènent leurs bœufs, leurs mules, leurs juments, leurs baudets; on y voit des juifs discuter comme chez nous; des montagnards ka-

Voilà ce qu'on appelle un gourbi dans ce pays (p. 6).

byles, toujours sérieux, les écouter en fronçant le sourcil ; des caïds se promener gravement sur leurs chevaux superbes ; des spahis en manteau rouge, aller et venir, pour maintenir l'ordre au milieu de cette foule.

A cinq heures, plus une âme !.... Tout est fini. Des milliers de moineaux, sortis du caravansérail et de son grand sycomore, voltigent seuls de place en place et se livrent bataille pour un crottin.

Voilà le marché des Isser, un des principaux de l'Algérie.

Comme nous n'étions pas un vendredi, rien ne paraissait.

Nous fîmes halte à l'auberge en planches de M. Paul, un brave homme, alors tellement miné par les fièvres, qu'il ne tenait plus sur ses jambes. Dans cette auberge s'arrêtaient les officiers allant de Dellys à Dra-el-Mizan ; elle était pleine de monde. Il fallut chercher une autre baraque plus loin, où nous pûmes enfin nous abriter.

Je mis mon cheval à l'écurie, et mes chasseurs s'occupèrent de faire la soupe.

J'appris à l'auberge qu'un maréchal des logis de la première compagnie de remonte était détaché depuis quelques jours au caravansérail, avec trois hommes et six chevaux étalons. Naturellement j'attachai tout de suite mon sabre à la boucle du ceinturon, et j'allai voir qui c'était.

Le marchand juif, qui tenait un café maure à la porte, me conduisit dans la cour du caravansérail, entourée de bâtiments, les toits

C'est le paradis terrestre... (p. 10).

tombant à l'intérieur et les murs percés de meurtrières. Il m'indiqua les écuries et le logement de la remonte; et figure-toi ma satisfaction de trouver là, dans une petite chambre ornée de viandes fumées pendues au plafond et de bouteilles rangées sur des tablettes, mon vieil ami Collignon, en train de mettre ses écritures au courant. Représente-toi nos embrassades et puis la noce qu'il fallut faire. Je ne t'en dirai rien, quoique ce soit bien agréable de trinquer avec un vieux camarade et de causer des amis et connaissances qu'on n'a pas vus depuis longtemps; oui, cela mérite qu'on en parle, mais tu pourrais me reprocher d'être trop porté sur ma bouche, et j'aime mieux continuer.

Le lendemain, en prenant la goutte avec Collignon, avant mon départ, je vis qu'une grande inquiétude commençait à se répandre. Des négociants de Dellys, arrivés pour le marché, parlaient à l'auberge d'incendies du côté d'Aumale, de marchés rasés par les Kabyles, et d'autres particularités semblables.

Ces gens me regardaient de temps en temps, pour voir l'effet que tout cela pouvait me produire; mais je me moquais bien de leurs histoires, ayant l'habitude de ne m'inquiéter des choses que lorsqu'elles arrivent.

Ils trouvaient que les douze spahis indigènes, commandés par un maréchal des logis également indigène, n'étaient pas trop rassurants pour le marché des Isser, et l'un d'eux finit par me dire :

« Maréchal des logis, savez-vous ce que

2

vous devriez faire ? Votre première étape est Azib-Zamoun ; ce n'est qu'à seize kilomètres d'ici, toujours belle route. Eh bien, vous devriez rester jusqu'à midi ; des soldats français, quand ils ne seraient que cinq, inspireraient toujours plus de confiance que ces spahis.

— Ah çà, lui répondis-je, est-ce que vous me prenez pour une bête ? Mon ordre de route est d'être à Azib-Zamoun avant midi ; s'il arrivait quelque chose à mon détachement, est-ce vous qui devriez en répondre ? »

Mes chasseurs arrivaient alors à la porte sur leur charrette. Je sortis, en donnant une poignée de main à Collignon, et j'enfourchai mon cheval, que le père Lubin tenait en bride ; après quoi nous repartîmes.

On raconte toujours que dans les grandes occasions le soleil se voile, que la terre tremble, et d'autres histoires pareilles, pour marquer l'horreur de la nature, à cause de la mauvaise conduite des gens !

Moi, tout ce que je peux dire, c'est que le temps s'était remis au beau, et que les alouettes chantaient comme à l'ordinaire.

Nous traversâmes bien tranquillement le petit village de Bordj-Menaïel, puis nous commençâmes à monter, par un chemin bordé de blés, la grande côte d'Azib-Zamoun.

Je me souviens maintenant qu'au bout d'une heure de marche environ, nous rencontrâmes à gauche de notre route une jolie maison européenne, ressemblant à une petite cité ouvrière, le jardin devant, fermé de palissades, les banquettes pleines d'artichauts, de choux-fleurs, de salade pommée, de radis ; et, sur le seuil de la maison, une véranda toute couverte de volubilis, de chèvrefeuilles et d'autres plantes grimpantes qui pendaient tout autour.

Le verger était aussi rempli d'arbres européens : cerisiers, pruniers, pommiers, orangers en pleine fleur.

Je m'étais arrêté, regardant cette jolie demeure. Mes hommes ne voyaient que les artichauts, et l'un d'eux me dit :

« Maréchal des logis, c'est le paradis terrestre... Si l'on pouvait entrer !... »

Mais il y avait des palissades, et puis, à travers les fleurs, je voyais sous la véranda un homme à barbe noire, les yeux luisants, qui n'avait pas l'air de vouloir se laisser voler ses artichauts.

Nous continuâmes donc notre route ; et j'ai su plus tard que c'étaient les agents des ponts et chaussées qui demeuraient là. Nous avons aussi appris, quelques jours après, que cette jolie habitation avait été saccagée par les Kabyles, ses arbres coupés et plusieurs de ses habitants égorgés.

Les hommes sont comme des pendards vis-à-vis les uns des autres ; quand ils trouvent un nid plein de jeunes, ils n'y laissent que des plumes et du sang.

Enfin, ayant poursuivi notre chemin, nous arrivâmes à Azib-Zamoun, où je fis monter les tentes. J'écrivis mes bons, pour toucher mes rations de vivres, et je me rendis moi-même chez M. Boucher, aubergiste et fournisseur.

Mais à peine avais-je demandé nos rations de fourrage, que ce M. Boucher entra dans une fureur sourde et se mit à traiter notre armée de rien qui vaille, nous accusant de tous les malheurs du pays ; sa femme vint bientôt se joindre à lui pour m'accabler d'injures.

L'indignation me gagnait ; je leur criai de se taire, ou que j'allais les faire solidement ficeler avec une corde à fourrage et conduire au commandant de Tizi-Ouzou, qui pourrait écouter leurs injures, si cela lui convenait.

Ils se turent alors et me délivrèrent le fourrage contre mes bons.

De retour au bivac, après la soupe, voyant qu'il nous restait encore huit heures de soleil, je décidai qu'on doublerait l'étape et qu'on coucherait à Tizi-Ouzou. Nous levâmes le camp. Les époux Boucher, sur leur porte, me montraient le poing.

Je leur ris au nez.

Ces pauvres gens, tombés depuis entre les mains des Kabyles, ont dû faire de tristes réflexions ; ils ont dû reconnaître que sans les soldats leur boutique était peu de chose.

De pareilles leçons coûtent cher ; malheureusement, les hommes ne s'instruisent que par l'expérience.

A partir d'Azib-Zamoun, notre route entrait dans l'immense vallée du Sébaou, rivière torrentueuse, presque à sec en juin et juillet, mais alors bordée de joncs, de tamarix et d'autres plantes semblables. Les cimes arides et broussailleuses de la Grande Kabylie se développaient au-dessus de nous, la rivière se déroulait dans la vallée.

A mesure que nous avancions, chaque détail de ce paysage devenait plus frappant ; un peu sur notre droite, à la cime des airs, brillaient les murailles blanches du fort National et la route qui serpente en zigzag jusqu'à sa hauteur ; sur une autre cime, à gauche, scintillait le marabout Dubelloi, petit ermitage arabe surmonté de son croissant.

Lorsque nous eûmes dépassé le camp du Maréchal et le petit village appelé *Vin-Blanc*, nous aperçûmes enfin au pied de ces masses colossales, sur un léger renflement de terrain, le bordj de Tizi-Ouzou.

En Afrique, l'air est beaucoup plus clair que dans nos pays brumeux, on voit les choses de très-loin. Ce bordj, sur un petit monticule presque au niveau des orges et des blés, avec son mur d'enceinte haut de trois mètres et blanchi à la chaux, n'avait pas grande apparence. Malgré moi j'en conçus d'abord une triste opinion, d'autant plus qu'il nous cachait le village européen et le village arabe, tous deux inclinés sur l'autre pente du mamelon ; de sorte que je me représentais l'immense ennui que nous allions avoir, et la quantité de verres d'absinthe qu'il faudrait prendre en cet endroit pour tuer le temps.

Mais il ne faut jamais désespérer de rien, et nous devions avoir à Tizi-Ouzou des distractions auxquelles j'étais loin de m'attendre.

Avant d'arriver au bordj, nous eûmes le plaisir de rencontrer la belle fontaine construite par les Turcs, pendant leur occupation ; elle est à gauche, en contre-bas de la route, entourée d'une solide maçonnerie à fleur de terre et recouverte de deux magnifiques saules pleureurs. On ne peut voir d'eau plus fraîche, plus limpide ; et ces deux grands saules qui se penchent, laissant tomber leurs longues feuilles pâles, sont d'un effet admirable.

Presque tous les voyageurs, en passant, descendent à la fontaine abreuver leurs mules et leurs chevaux, c'est ce que nous fîmes ; et sur les six heures nous arrivâmes au bordj de Tizi-Ouzou, découvrant enfin sur l'autre versant de la colline le village européen, avec sa grande rue, son église, sa place entourée de platanes, et, contre la montagne Dubelloi, le village arabe, la mosquée, la maison de commandement du caïd Ali, noyés dans le feuillage des orangers, des figuiers, des lauriers-roses.

Cette vue me rafraîchit le sang, et je me promis de descendre plus d'une fois à ces deux villages.

Le bordj lui-même, avec ses trois portes d'Alger, de Bougie et du bureau arabe, dominait tous les environs. Il comprenait d'abord le vieux bordj, lourde et massive construction turque en pierre, haute de vingt-cinq à trente pieds et garnie de créneaux. Autour de ce fortin, on avait bâti l'hôpital, la poudrière, le magasin du génie, deux pavillons pour les of-

ficiers, deux longues baraques sans étages, servant de remises et de casernes ; le tout était relié par un mur, et plusieurs de ces constructions formaient rempart, leurs fenêtres étant grillées sur la campagne et leurs portes tournées à l'intérieur.

Les camarades nous reçurent à bras ouverts, et l'on passa le reste de la journée à se donner des nouvelles.

Le détachement du 1er régiment de chasseurs, à Tizi-Ouzou, se composait d'un lieutenant, d'un sous-lieutenant, trois maréchaux des logis, deux trompettes, un maréchal ferrant, soixante hommes, soixante-dix chevaux.

Mon camarade, le maréchal des logis Ignard, était de semaine.

Je fis la connaissance, ce même jour, à la cantine, du maréchal des logis Detchard, du train des équipages, un bon et brave soldat, pour lequel j'ai toujours conservé de l'estime.

La nuit venue et la retraite sonnée, nous allâmes enfin nous reposer à la grâce de Dieu.

Le lendemain, après la soupe, Detchard, qui sortait de l'artillerie, et moi, tout en fumant notre pipe, nous fîmes le tour du bordj, car ma première idée en arrivant quelque part, c'est de voir où je suis.

Du haut des remparts, on jouissait d'une vue très-étendue sur les deux côtés de la vallée. Detchard m'expliquait tout.

« Voici là-haut, me disait-il, le fort National, à vingt-six kilomètres d'ici, par la route, mais en ligne droite il n'est pas à plus de dix ou douze kilomètres ; il a six pièces rayées, huit cents hommes de garnison et une bonne fontaine. C'est dommage que nous n'en ayons pas autant ; nous n'avons que des citernes, et l'on peut nous couper l'eau, ce qui serait bien désagréable pendant les grandes chaleurs de mai, juin et juillet. Entre le fort National et nous, dans le fond de ce ravin, coule l'Oued-Aïssi, une petite rivière très-froide, claire comme l'eau de roche, qui sort du Djurjura ; on y pêche de bons poissons, vous verrez ça plus tard. L'Oued-Aïssi fait un détour derrière cette côte et tombe plus loin dans le Sébaou ; à l'embranchement des deux rivières se trouve le village arabe de Si-Kou-Médour, où l'on mène quelquefois les promenades militaires. Toutes les montagnes autour de nous sont habitées par les Kabyles, et l'on peut dire que ces gens-là se défendent très-bien ; ce sont des tribus guerrières, surtout les Beni-Raten et les Mâatka. Tenez, voyez-vous sur cette crête, ces murs blancs derrière les broussailles ; vous croiriez des nids d'éperviers, n'est-ce pas ? Eh bien, c'est le village de Bouïnoum. Les Kabyles ne bâtissent pas comme nous le long des rivières, ils nichent sur les montagnes ; leurs femmes aiment mieux faire quatre ou cinq kilomètres tous les jours, pour descendre à la vallée avec leurs cruches, chercher de l'eau, et les hommes aiment mieux descendre et remonter mille fois avec leurs charges d'huile, de fruits et de légumes, que de se fier à nous. Je me suis même laissé dire qu'ils ne se sont jamais fiés à personne , ni aux anciens Romains, ni aux Arabes, ni aux Turcs; ils ont toujours eu plus de confiance dans leurs rochers que dans la parole des généraux.

— Cela montre une grande défiance, lui disais-je.

— Oui, maréchal des logis, et pourtant on ne peut pas leur donner tort, car bien des généraux et même bien des empereurs ont manqué de parole. Ces Beni-Raten, ces Mâatka et tous les autres Kabyles vivent donc ainsi dans les airs, et font semblant de se soumettre, quand ils ne sont pas les plus forts. Dans leurs villages, où les baraques sont entassées sans ordre, comme des taupinières, ils fabriquent de tout : des yatagans, des fusils, des balles, de la poudre, même de la fausse monnaie. Puisqu'ils ne se fient pas à nous, il ne faut pas non plus se fier à eux.

— Je suis tout à fait de votre avis. Mais qu'est-ce que nous voyons donc là-bas?

— Ça, c'est le cimetière européen; il est entouré d'un petit mur. Et cette route qui serpente dans la vallée, c'est la route muletière de Dra-el-Mizan; elle se perd plus loin dans les gorges profondes des Mâatka.

— Et ceci, maréchal des logis, derrière l'hôpital?

— C'est l'endroit qu'on appelle le cimetière des braves! C'est là que dorment les Français morts en 1857, en enlevant d'assaut le fort des Beni-Raten, lorsque nous fîmes la conquête du pays. Et plus bas, à l'endroit où descendent les égouts du bordj, vous voyez le jardin militaire, loué maintenant au vieil Antonio, un bon homme qui nous vend des légumes pour l'ordinaire; il tient un petit cabaret, où nous allons quelquefois prendre l'absinthe. »

Detchard me donna ces explications et beaucoup d'autres, en suivant la terrasse du petit mur; puis nous descendîmes au village par la porte de Bougie, pour prendre quelques chopes de bière, à l'auberge de la *Femme sans tête*, non loin des écuries militaires.

La bière n'est pas mauvaise avant le mois de mai, en Afrique, et puis on ne peut pas toujours prendre de l'absinthe et du vermout.

Nous étions donc là, le coude sur la table ; je regardais par la fenêtre les gens aller et venir dans la rue. Au bout d'une heure, j'avais vu passer le jeune curé, avec sa barbe noire, le tricorne sous le bras; puis les deux chères sœurs, le bandeau blanc sur le front, qui s'en allaient tenir l'école des filles ; le sous-maître Deveaux, sergent de zouaves, que mon camarade Detchard se dépêcha d'appeler, en toquant à la vitre, et qui voulut bien accepter un petit verre sur le pouce, avant d'entrer en classe. Le brigadier de gendarmerie vint aussi jeter un coup d'œil sur les nouvelles figures. Celui qui m'étonna le plus, ce fut le brigadier forestier Lefèbre, un bon vieux tout gris, et l'oreille fort dure, qui gardait les forêts de l'Etat dans les environs; il vint se rafraîchir au comptoir, la bretelle du fusil de chasse sur l'épaule.

Alors, voyant cela, je me dis que nous étions à Tizi-Ouzou comme dans un autre coin de la France ; que rien n'y manquait, ni les curés, ni les chères sœurs, ni les gardes forestiers, ni les gendarmes ; et tout ce qu'on m'avait raconté de soulèvements, d'incendies, de marchés rasés, de Beni-Raten, de Mâatka, me parut une mauvaise plaisanterie.

J'en étais même vexé; je trouvais ces figures si calmes, si paisibles, que je me disais en moi-même :

« Goguel, tu es un véritable enfant de croire à tout ce qu'on te raconte ; est-ce que ces gens-là, s'ils étaient dans l'inquiétude, ne feraient pas d'autres mines?..... Allons.... allons.... il n'y aura rien ; c'est une partie remise pour longtemps! »

Mais j'étais loin de mon compte ; la précipitation des jugements ne vaut rien.

Le dimanche 9 avril, le maréchal des logis Ignard descendait de semaine, mon tour était venu.

Tout alla bien jusqu'au 12.

Ce jour-là, je conduisais la promenade des chevaux sur la route du fort National ; les chasseurs me demandèrent de leur faire voir le moulin de Saint-Pierre, à quelques kilomètres plus loin, j'y consentis.

C'est un moulin français, sur l'Oued-Aïssi, exploité par des négociants d'Alger ; ils avaient là leur gérant, avec sa jeune femme et sa belle-sœur. Nous descendîmes donc au ravin, entouré de plantations admirables ; grands arbres, belle culture, tout réjouissait la vue.

Le gérant, un brave homme, s'empressa de

nous montrer l'établissement, et puis nous revînmes d'un bon pas, car je craignais d'avoir conduit trop loin notre promenade, mais nous rentrâmes à temps pour la soupe ; et vers trois heures, comme j'assistais au pansage dans les écuries, qui se trouvent au pied du bordj, sur la pente du village, le lieutenant Wolf, du bureau arabe, escorté de quatre cavaliers, arriva.

« Surveillez bien le pansage, me dit-il, et faites donner une bonne ration aux chevaux ; tout annonce que vous monterez à cheval ce soir. »

Il s'en alla, et toute l'après-midi on vit du mouvement.

Le vieux brigadier de spahis, Abd-el-Kader Soliman, attaché depuis des années au bureau arabe, rentrait vers quatre heures, et le voyant arriver ventre à terre sur son cheval blanc, la crinière flottante, la grande queue balayant la poussière, sa vieille barbe grise ébouriffée et la chamelière roulée autour du capuchon blanc, je lui criai :

« Eh bien ! Abd-el-Kader, quoi de nouveau ?

— Laisse-moi, maréchal des logis, dit-il en s'arrêtant une seconde, la croupe de son cheval repliée sur les jarrets ; le caïd Ali se révolte ; M. Goujon, l'interprète, est allé chez lui hier soir ; nous avons peur qu'il ne soit enlevé avec ses deux spahis. »

Il repartit à fond de train. Je le suivais de loin, et, comme j'entrais par la porte de Bougie, il sortait déjà du bureau du commandant Leblanc, il sautait à cheval et repassait auprès de moi comme un ouragan.

Il faut avoir vu un vieux cavalier arabe descendre une rampe pareille au triple galop, pour savoir ce que c'est que de manier un cheval.

Enfin, pendant qu'il allait porter des ordres quelque part, je rentrai dans notre chambre, où se trouvaient justement les maréchaux des logis Ignard et Brissard.

« Goguel, me dit aussitôt Brissard, il y a du nouveau, le lieutenant m'a demandé la liste des chevaux disponibles, il m'a dit de compléter leurs trois paquets de cartouches à mes hommes, de préparer les bons pour six jours de vivres et de nous tenir prêts à partir.

— Tant mieux ! dit Ignard, nous allons voir du pays, dans trois jours nous serons près d'Aumale. »

Je n'étais pas de leur avis, et je leur racontai que le caïd Ali venait de se révolter aux environs, ce qui nous dispenserait d'aller si loin.

« Qu'est-ce que Caïd Ali peut faire avec son gros ventre ? disait Brissard. Comment cette grosse pastèque pourrait-elle tenir la campagne ? »

Je leur fis observer que Caïd Ali n'aurait pas besoin de marcher, qu'il avait deux beaux-frères : Mokrani et Saïd Caïd, qui tiendraient la campagne à sa place.

Brissard sortit là-dessus, pour compléter l'armement, et vers sept heures le lieutenant Cayatte, puis le sous-lieutenant Aressy vinrent nous prévenir que dans une heure il faudrait être prêts, que nous serions quarante combattants.

Ils nous recommandèrent surtout de ne pas courir, de ne pas faire de bruit, d'éviter tout ce qui pouvait donner l'éveil, et d'être à cheval après avoir complété nos provisions de six jours.

Ces ordres donnés, chacun s'occupa de son affaire, et à huit heures sonnant, l'appel terminé, nos officiers se partagèrent les hommes en deux pelotons de vingt hommes chacun, le premier commandé par le lieutenant Cayatte, Brissard et Ignard, maréchaux des logis ; le second commandé par le sous-lieutenant Aressy, et moi comme sous-officier. Nous allions laisser dans le bordj, en partant, une quinzaine de chasseurs, cent quatre mobilisés de la Côte-d'Or, cinq artilleurs commandés par un brigadier, et vingt soldats du train commandés par le maréchal des logis Detchard, qui remplissait en même temps les fonctions d'adjudant de place.

Le commandant supérieur était M. Leblanc, chef du bureau arabe de Tizi-Ouzou. Le bureau arabe se composait de M. Sage, capitaine ; Wolf, lieutenant ; Laforcade, sous-lieutenant, et de M. Goujon, interprète, jeune homme plein d'énergie.

Ajoutez un garde du génie, un gardien de batterie, un jeune chirurgien, M. Annesley, nouvellement sorti des écoles, et M. Desjardins, comptable.

Donc, sur les huit heures et demie, chacun ayant pris sa place dans les rangs, le lieutenant Cayatte donna l'ordre du départ, et nous descendîmes la rampe du bordj au village.

En traversant la grande rue, le sous-lieutenant Aressy me demanda si j'avais de la place pour loger sa gourde. Une petite place pour la gourde ne manque jamais aux chasseurs d'Afrique. Nous fîmes halte un instant à la porte du café Thibaud ; Mlle Marie nous remplit la gourde d'eau-de-vie et nous offrit un petit verre de cognac ; après quoi nous rejoignimes le détachement, qui cheminait en silence sur la grande route.

La nuit était venue, très-obscure, et quelques pas plus loin nous prîmes le chemin de Si-Kou-Médour, en traversant l'Oued-Aïssi ; les chevaux avaient de l'eau jusqu'au poitrail ; les étoiles tremblottaient dans les flots sombres.

Après avoir touché l'autre rive, durant plus d'une demi-heure nous eûmes un chemin impossible, bordé d'immenses cactus, dont les dards nous accrochaient et nous piquaient jusqu'au sang ; mais on ne murmurait pas, on allait.

Vers onze heures, les aboiements des chiens de Si-Kou-Médour nous avertirent que nous contournions le village ; nous n'en étions plus loin, et quelques instants après nous sortions de ce passage abominable, sur un grand terrain vague, autant que j'en pus juger par cette nuit noire.

Là, le lieutenant nous donna l'ordre de nous mettre sur deux rangs, puis de mettre pied à terre : il commanda de planter les piquets, de tendre les cordes, d'entraver les chevaux.

Cela fait, il nous appela, les trois maréchaux des logis, et nous dit de prévenir les hommes qu'on ne dresserait pas les tentes, qu'on n'allumerait pas de feu et qu'on ne ferait pas de bruit.

« Les chevaux ne seront pas dessellés, dit-il, on les déchargera seulement ; chaque homme, après avoir débridé, se couchera près de son cheval, le sabre au corps, le fusil sous la main, la bride passée dans le bras, pour être prêt à brider et à monter au premier signal. Il est bien entendu que deux factionnaires vont être placés et qu'on les relèvera d'heure en heure. Un de vous se promènera en tête des chevaux durant deux heures, un brigadier se promènera derrière, le même temps, chacun à son tour. Moi, je resterai là, pendant que M. Aressy se reposera ; puis il viendra me relever. A quatre heures du matin on donnera une ration aux chevaux, on fera le café ; à cinq heures nous serons à cheval. »

Après ces explications, je pris le premier quart ; le lieutenant alluma sa pipe, et les chevaux étant déchargés, tout rentra dans le silence.

La nuit était profonde ; nous entendions l'eau du Sébaou couler sur les galets, et, plus loin, les bandes de chacals s'appeler d'un bout à l'autre de la vallée.

Le silence était aussi troublé par les cris des chevaux, qui se battent quelquefois entre eux, et ceux des chasseurs réveillés en sursaut, qui les traitaient de vieilles rosses, en les menaçant de se fâcher.

Au bout de mes deux heures, j'allai réveiller Ignard, qui dormait dans son manteau. C'est un bien bon garçon, mais il ne put s'empêcher de prétendre, en se levant, que je n'étais pas resté là cinq minutes.

Le brigadier Péron alla réveiller aussi son camarade, qui n'était pas de meilleure humeur, à ce que j'entendis.

Enfin je me couchai près de mon cheval et je m'endormis.

Le petit jour blanchissait à peine le haut des montagnes, lorsque mon chasseur Coppel m'éveilla.

« Tenez, maréchal des logis, me dit-il, en me présentant un bon quart de café, voilà de quoi vous réchauffer. »

Aussitôt, je sautai sur mes jambes et je regardai ; nous étions tout près de Si-Kou-Médour, dont les vieilles baraques en torchis, couvertes de roseaux, et les jardinets, séparés l'un de l'autre par d'énormes haies de cactus, se voyaient à cinquante pas. Nous occupions, derrière le village, un petit plateau, où s'élevaient quelques meules de paille, entourées d'épines.

Des officiers du bureau arabe, arrivés après nous, pendant la nuit, s'étaient logés dans une de ces meules ; leurs spahis caracolaient autour.

Une foule de Kabyles, par groupes de quinze à vingt, avec leurs grands burnous blancs, leurs longs fusils ou leurs vieux tromblons en bandoulière, descendaient des montagnes environnantes. C'étaient nos contingents ; ils arrivaient soi-disant pour nous soutenir. Je vis tout cela d'un coup d'œil.

Les enfants de Si-Kou-Médour arrivaient aussi se mêler à nous et nous observaient d'un œil de pie, pendant que les femmes nous regardaient du fond de leurs gourbis, et les cigognes du haut des toits.

C'est le pays des cigognes, je n'en ai jamais autant vu de ma vie.

J'avalai mon quart de café, puis je donnai l'accolade à la gourde du lieutenant Aressy ; j'appelai les camarades, qui lui souhaitèrent aussi le bonjour.

Le lieutenant arriva presque aussitôt ; il ordonna de recharger les chevaux, de leur ôter la musette, d'enlever les cordes et les piquets.

Le soleil alors étincelait. Tous ces Kabyles qui venaient gravement et s'arrêtaient à quelques pas du bivac ne m'inspiraient pas trop de confiance. Bientôt les officiers du bureau arabe se mirent à leur distribuer des cartouches; des mules chargées de couffins arrivaient encore plus loin, et la distribution continuait.

Les spahis, tout joyeux, causaient avec ces nouveaux venus, et je dis au vieil Abd-el-Kader, qui s'avançait à cheval, en lui présentant la gourde :

« Dis donc, brigadier, qu'est-ce que tous ces bédouins-là; d'où sortent-ils et qu'est-ce qu'ils demandent? »

Lui, regardant de tous les côtés, pour s'assurer que personne ne le regardait, leva le coude et but un bon coup ; puis, passant lentement la main sur ses vieilles moustaches grises, il me rendit la gourde et répondit :

« Le caïd Ali s'est révolté avec son village de Temda... Alors, tu comprends, maréchal des logis, nous avons prévenu les autres tribus de nous envoyer des gens pour faire razzia ; ce sont nos amis! Nous allons marcher devant, comme toujours; eux derrière ; Caïd Ali se défendra peut-être ; on donne quelques cartouches à ces gens pour charger leurs fusils.... Il y aura razzia, répéta-t-il en souriant.

— Et si nos amis nous tournent casaque? dit Brissard.

— Il n'y a pas de danger. Tu vas voir; les femmes et les enfants de Temda sont déjà partis ; nous prendrons tout et nous brûlerons le village. Il y a beaucoup de bœufs à Temda; si j'en prends un, je le donnerai à mes amis les chasseurs. »

Ainsi parla le vieux spahi. Il en avait vu bien d'autres depuis trente ans et ne doutait de rien. Puis il partit, allant à la rencontre de nouveaux groupes de Kabyles, pour leur indiquer l'endroit où se distribuaient les cartouches.

Au bout de quelques instants, le lieutenant Cayatte nous ayant fait compter par quatre et rompre par deux, se mit à la tête de la colonne, avec un cavalier du bureau arabe, qui devait nous servir de guide, et nous partîmes tranquillement à travers les broussailles, jusqu'au tracé de la nouvelle route de Tizi-Ouzou à Bougie; deux ou trois cents Kabyles nous précédaient; mais, voyant que la masse ne nous suivait pas, le lieutenant fit arrêter la colonne, et le guide retourna voir ce qui retardait ces gens.

Il revint dire que les Kabyles se partageaient en deux colonnes, dont l'une suivait le pied de la montagne des Beni-Raten, à notre droite, l'autre la rive du Sébaou, à notre gauche. Il ajouta que ces deux colonnes nous rejoindraient avant d'arriver à Temda.

Le lieutenant, satisfait de cette explication, après nous avoir fait mettre pied à terre pour serrer les sangles, ordonna de se remettre en marche.

Nous allions sans nous presser. La route, qui n'était qu'ébauchée, suit cette magnifique vallée du Sébaou dans toute sa longueur; de chaque côté s'élèvent de hautes montagnes couvertes d'oliviers, où se détachent les murailles blanches des villages kabyles.

C'était un spectacle splendide au lever du soleil.

Le Sébaou, presque à sec, laissait à découvert les trois quarts de son lit, plein de galets blancs comme du marbre ; de notre côté, l'eau, plus profonde, serpentait contre la berge à travers les tamarix et les lauriers-roses. De loin en loin, se levaient des bécassines, des sarcelles, des cigognes et d'autres oiseaux aquatiques, qui fuyaient à notre approche ; les deux colonnes du bureau arabe s'étaient enfin décidées à partir ; l'une allait sur une longue file, dans l'ombre des montagnes, l'autre sur les galets de la rivière, en plein soleil ; elles semblaient nous escorter à distance.

La marche durait depuis environ une heure, lorsque nous découvrîmes, à cinq ou six kilomètres devant nous, en travers de la vallée, une haute colline à gauche, entièrement déboisée et couverte de blés verts.

Le Sébaou faisait un coude au pied de la colline, et des milliers d'Arabes fourmillaient là-haut.

Au sommet d'un petit mamelon, à droite, se détachait un cavalier sur un cheval noir et vêtu d'un burnous noir.

Dès que cet homme nous aperçut, il descendit à la charge, traversa le Sébaou et rejoignit les révoltés.

Le guide dit sans doute alors au lieutenant: « Voici l'ennemi ! » car ces mots furent répétés jusqu'à l'arrière-garde.

Vingt minutes après, nous arrivâmes au coude de la rivière, large en cet endroit d'environ un kilomètre, tout de gravier sec, et de huit à dix mètres d'eau seulement, coulant contre la berge de notre côté. Nous traversâmes ce petit bras d'eau, et dans le lit même de la rivière, sur le gravier, on se mit en bataille, le premier peloton en avant, et le second, dont j'étais, en arrière.

A quelques cents mètres devant nous, au pied de la colline, s'étendait un grand verger de figuiers, où nous voyions aller et venir six cavaliers arabes, qu'on nous dit être de la famille du caïd révolté.

Pendant que nous étions en bataille, nos

Il faut avoir vu un vieux cavalier arabe (p. 13).

colonnes de Kabyles auxiliaires s'étaient réunies en une seule masse, car déjà, depuis une demi-heure, celle qui marchait à gauche, sur le gravier, avait passé la rivière, et celle de droite, qui suivait le pied des montagnes, était descendue dans la vallée, de sorte qu'au lieu de les avoir en flanqueurs, pour nous soutenir, nous les avions sur nos derrières. Et tous ces braves gens, avec leurs grands burnous, leurs longues barbes et leurs fusils, s'arrêtèrent tranquillement sur la rive, regardant ce que nous allions faire.

Quelques-uns avaient bien déchargé leurs vieilles patraques, mais ils savaient qu'elles ne portaient pas au quart de la distance.

Enfin, cela regardait les officiers du bureau arabe.

Le lieutenant Cayatte ne parut pas s'en inquiéter ; il déploya son peloton en tirailleurs, et, cinq minutes après, les six cavaliers qui nous observaient du verger étaient démontés. Nous avons appris par la suite que deux étaient morts de leurs blessures ; les autres gagnèrent leur ligne de retraite, emportant les blessés.

Ainsi commença le combat.

Et maintenant représente-toi le premier peloton qui remonte à cheval et part au galop ; les Kabyles répandus dans les blés, qui se lèvent et font feu sur eux, tout en se retirant à grands pas ; la charge qui passe à travers le verger et gagne le haut de la colline ; nous en bas, en ligne de bataille, impatients de partir, et derrière nous les officiers du bureau arabe,

Voilà ce qui s'appelle un fier soldat... (p. 18).

en train de haranguer nos contingents, pour les décider à passer le Sébaou.

Le cavalier Ali, du bureau arabe, ne faisait que passer et repasser la rivière, pour leur montrer qu'elle n'était pas profonde ; mais ces braves gens, toujours graves et solennels, n'avaient pas l'air de le voir ni de l'entendre, lorsqu'une balle vint frapper son cheval juste au milieu du front et l'étendit mort dans le courant.

Alors nos bons amis poussèrent de grands cris et se précipitèrent dans l'eau, pour attraper l'un la bride et l'autre la selle de la bête.

Ali gagna le bord et vint nous rejoindre à la réserve.

Pendant ce temps, le premier peloton avait atteint aux deux tiers de la colline ; les coups de fusil redoublaient.

Tout à coup, nous vîmes déboucher en arrière du premier peloton, à droite, une colonne serrée de Kabyles, le grand étendard jaune et vert déployé. Ils se dépêchaient d'accourir, pour couper la retraite à nos camarades.

Le lieutenant Aressy vit le danger.

« Pas une minute à perdre, dit-il ; sabre à la main, en avant ! »

Et nous partîmes comme des forcenés.

Quelques instants après, nous arrivions au verger. Là nous enfilâmes un petit ravin, où l'on ne pouvait passer qu'à un, et nous débouchâmes dans les blés, juste en face des Kabyles, qui ne nous attendaient pas et se mirent précipitamment en retraite.

3

Nous poursuivîmes notre charge jusqu'au premier tiers de la colline, près de trois ou quatre vieilles masures, où venait aboutir une haie de cactus haute et profonde, coupant la colline en écharpe.

« Voyons, les bons tireurs, pied à terre ! » s'écria le lieutenant.

Aussitôt je sautai de mon cheval, je remis la bride à l'élève trompette Lecomte, et je lui demandai son chassepot. Puis j'enfilai la ruelle, où passait un petit ruisseau plein de grosses pierres tachées d'énormes gouttes de sang ; c'est par là que les Kabyles avaient emporté leurs blessés.

Il y avait au bout de la ruelle un champ de blé. Je vis auprès de moi le brigadier Péron, mon ordonnance Coppel, les vieux chasseurs Audot et Ramadier ; nous mîmes genou terre dans les blés pour commencer le feu.

Deux ou trois chasseurs à cheval, de l'autre côté de la haie, derrière nous, tiraient aussi par-dessus les cactus. Le lieutenant Aressy, tout riant, sur son petit cheval rouge, le sabre à la main, nous indiquait les directions :

« A droite du champ.... en voici deux qui se glissent... Attention !...»

Mais ils arrivaient toujours plus serrés, en rampant, et tout à coup le lieutenant cria :

« Tout le monde à cheval !.... Allons..... allons..... dépêchons-nous, ils vont nous tourner ! »

Moi, je dis aux tirailleurs :

« Repassons la haie ! »

Mais j'arrivais à peine de l'autre côté, que presque tout notre monde partait. L'élève trompette Lecomte commençait à filer, avec mon cheval en main. Je le rappelai furieux. Il me passa la bride et partit au galop.

J'entendais les Kabyles courir et s'appeler. Mon cheval, voyant que tous les autres partaient, était d'une impatience dangereuse. Je voulais monter ; comme le terrain était en pente, et que le côté montoir se trouvait sur la pente au-dessous, je ne pouvais m'enlever : ma selle tournait, mon cheval se dressait pour partir.

J'entendais les Kabyles arriver.

Enfin je passai du côté hors montoir, je ramenai ma selle, et la bretelle du fusil au cou, le sabre entre les jambes, je montai.

Il était temps !

Je lâchai les rênes, et le cheval partit comme la foudre. Les Kabyles, à vingt pas, avaient cru me prendre vivant ; ils auraient pu me tuer cent fois à coups de fusil ; leur haine, leur espoir de vengeance m'avaient sauvé.

Mon cheval, suivant les autres de l'œil, filait sur le flanc de la colline, au milieu d'une grêle de balles.

Je parcourus ainsi environ huit cents à mille mètres, et j'atteignis le bord d'un immense talus ; au-dessous s'étendait une plaine ; un filet d'eau, légèrement encaissé, passait au bas ; et derrière le ruisseau, dans les tamarix, nos chasseurs du premier et du second peloton, déployés en tirailleurs, attendaient, prêts à tirer.

En arrivant au bord de ce talus, je vis le brigadier Péron couché sous son cheval, dont il ne pouvait se dégager la jambe. Je lui criai :

« Péron, sauve-toi, les Kabyles me suivent. »

Alors, faisant un effort, il retira sa jambe ; mais le fourreau du sabre était aussi pris sous le cheval, il ne pouvait le tirer de là. Je lui dis :

« Lâche ton ceinturon.... laisse ton fourreau.... »

Ce qu'il fit bien vite. Puis il descendit quatre à quatre, tenant son fusil d'une main et la lame du sabre de l'autre.

Nous n'étions pas au bas du talus que les Kabyles paraissaient au haut. Heureusement nos chasseurs reçurent les premiers à coups de fusil, ce qui nous permit de rejoindre le détachement.

A peine arrivés au milieu de nos camarades, je mis pied à terre pour resseller mon cheval et rétablir un peu l'ordre de mon équipement. — Le lieutenant Aressy vint me serrer la main ; il était heureux de me revoir.

Nous allâmes aussitôt nous reformer en bataille dans le lit desséché de la rivière, et là nous reconnûmes avec peine que le vieux chasseur Audot avait disparu, ainsi que Ramadier, de notre peloton ; le chasseur Joseph, du premier peloton, avait une balle dans la cuisse.

Péron prit le cheval de Ramadier, qui venait de rejoindre.

Les Kabyles faisaient mine de vouloir nous poursuivre. Le cavalier noir, pour les entraîner, descendit même jusqu'au pied de la montée, et là nous envoya bravement son coup de fusil ; puis il se retira tranquillement au pas, rejoindre ses gens. Les balles pleuvaient autour de lui, soulevant la poussière ; nous ne pûmes le toucher.

Voilà ce qui s'appelle un fier soldat ; personne ne le disait, mais nous le pensions tous.

Pendant cette fusillade, nos chasseurs se demandaient des cartouches les uns aux autres, et l'on reconnut avec stupeur qu'il n'en restait que trois paquets au détachement. Ce n'était pas gai, à vingt kilomètres de Tizi-Ouzou!

Encore si les Kabyles avaient osé se hasarder en plaine, nous aurions pu les charger le sabre à la main, mais ils se tenaient sur les hauteurs.

Nous repassâmes donc la rivière, et nous rejoignîmes nos fameux contingents, auxquels on avait distribué des cartouches. Une sorte de satisfaction intérieure éclatait dans leurs yeux; par bonheur, ils ne se doutaient pas que les munitions nous manquaient, car ils nous seraient tombés sur le dos, j'en suis sûr.

Nous n'avions rien de mieux à faire que de retourner à Si-Kou-Médour, et c'est ce que nous fîmes. Deux heures après, nous étions à notre point de départ; les chevaux, débridés et déchargés, mangeaient leur ration d'orge, la musette au nez, à la même place où nous bivaquions le matin; les hommes faisaient la soupe; et à six cents mètres en avant, du côté de l'ennemi, se voyait un de nos chasseurs en vedette.

Nous passâmes la nuit au même endroit. Vers le soir, au coucher du soleil, arriva un mulet chargé de cartouches, que nous envoyait le commandant du cercle, Leblanc. On se couvrit d'une grand'garde; l'ennemi n'était pas loin, il avait dû nous suivre. Et toute cette nuit, en rêvant aux camarades restés là-bas, derrière les cactus, j'entendais les chacals crier et s'appeler bien plus encore que la veille; comme j'en faisais la remarque au vieux spahi Abd-el-Kader, il me répondit que c'était le cri de ralliement des Kabyles.

Combien de tristes réflexions je fis alors, en songeant qu'il ne s'en était fallu que d'une minute pour avoir ma tête dans le même sac que celles du brave Ramadier et du vieil Audot. Je me demandais comment ils avaient été pris; Audot sans doute était tombé mort dans les blés, où je ne l'avais plus vu; Ramadier avait couru jusqu'au bout de la haie, pensant s'échapper par les vieilles masures, et là les Kabyles l'attendaient. Mes idées n'étaient pas réjouissantes.

Le jour parut enfin; on releva la grand'garde, on fit un brin de pansage. Nos gueux d'auxiliaires, qui ne nous avaient pas encore tout à fait abandonnés, se trouvaient au milieu de nous. On parlait de renforts qui devaient nous venir de Tizi-Ouzou, de chasseurs à pied, d'artilleurs, etc.; un spahi soutenait même qu'ils étaient à deux kilomètres au delà de l'Oued-Aissi.

Nos amis Kabyles, assis en rond par groupes, prêtaient l'oreille. Et voilà qu'un coup de fusil part, personne n'a jamais su d'où ni comment; le sous-lieutenant Aressy, qui regardait tranquillement manger ses chevaux, les mains croisées sur le dos, pousse un cri: il venait de recevoir par derrière une balle qui lui traversait l'os où s'emboîte la cuisse et qui lui pénétrait jusque dans le ventre.

Figure-toi l'indignation des chasseurs; les Kabyles ne disaient rien.

« Goguel, me cria le lieutenant Cayatte, en se tournant de mon côté, cherchez le médecin à Tizi-Ouzou! »

Je montai vite à cheval et je partis au galop.

Après avoir traversé l'Oued-Aissi, j'aperçus dans le lointain, sur la route, des chasseurs à pied et des artilleurs; mais ce n'était pas le moment de leur donner ni de leur demander des nouvelles.

En arrivant au bordj, j'appris que le vieux commandant Leblanc était relevé de son commandement et remplacé par M. Letellier, un jeune chef de bataillon du 1er zouaves. Je me transportai près de lui, pour lui rendre compte de ce qui venait d'arriver. Il me fit quelques questions, puis il donna l'ordre au médecin de partir, et en même temps de faire atteler une charrette pour ramener le blessé.

Je redescendais au village, laissant respirer mon cheval, lorsque je fis la rencontre du vieux sergent Deveaux, adjoint à l'instituteur de Tizi-Ouzou, qui montait au bordj, et s'empressa de me raconter que soixante-six chasseurs à pied, armés de chassepots, sous la conduite de deux officiers, étaient arrivés le matin même, à la destination du fort National, avec trente soldats du train et vingt-quatre ouvriers de la 10e compagnie d'artillerie, commandés par le maréchal des logis Erbs; mais que depuis notre défaite, toute la tribu des Beni-Raten s'étant soulevée, ce détachement resterait à Tizi-Ouzou; que le commandant du fort National était également relevé de ses fonctions et remplacé par le colonel Merchal, lieutenant-colonel au 4e régiment de chasseurs d'Afrique, lequel n'avait pas voulu compromettre son petit détachement et s'était engagé seul, sur une mule, à travers l'insurrection.

« Il doit être à cette heure au fort, dit le sergent, à moins qu'il n'ait eu le cou coupé en route. »

Après m'avoir raconté cela, Deveaux me dit:

« Je vous quitte, car, vous le voyez, tout notre monde se rend au bordj; toute la Kabylie s'insurge, bientôt nous serons assiégés. Le père Colombâni, l'instituteur, a déjà mené sa vache là-haut, mais sa femme et ses enfants sont encore à la maison d'école, en train de tout déménager; voici les deux chères sœurs qui viennent avec de gros paniers, et les hommes de M. le curé, avec ce qu'il y a de plus précieux. Le père Thibaud, du café des officiers, emballe ses bouteilles, et là-bas, le boucher Louis, avec sa petite voiture et sa mule, monte au trot; il a déjà fait au moins six voyages.

— Allons, dis-je au sergent, je vois que vous êtes tous des peureux, les Kabyles n'oseront jamais venir sous le canon de la place.

— Ah! ah! maréchal des logis Goguel, je n'ai pas toujours été détaché instituteur adjoint : j'ai vingt-trois ans de service; j'ai suivi le 1ᵉʳ zouaves dans plus d'une expédition, et je connais ces gens-là mieux que vous; en 1857, ils nous ont donné du fil à retordre, et déjà bien avant ils avaient bloqué le colonel Beauprêtre dans le vieux bordj. Beauprêtre... ah! quel homme!... C'est lui qui savait prendre les Kabyles, et qui n'épargnait pas leurs têtes; aussi tous le respectent encore et disent : « C'était un brave! » Quel homme! quel homme!... Avec trente chasseurs, dans le vieux bordj, il les a tenus en échec. »

Le sergent allait me raconter cette histoire, mais j'étais pressé.

« Vous me raconterez cela plus tard, lui dis-je, il faut que je parte. Au revoir.... à bientôt! »

Et je poursuivis mon chemin.

Deux kilomètres plus loin, je rencontrai les chasseurs à pied, les soldats du train et les artilleurs qui revenaient en allongeant le pas; je pressai l'allure et je rejoignis notre détachement.

Tout le monde était à cheval. Le maréchal des logis Brissard faisait l'appel; les contingents kabyles autour de nous, appuyés sur leurs longs fusils, nous regardaient d'un œil sombre; l'appel fini, le lieutenant Cayatte allumant sa pipe, dit :

« Tout le monde est présent. »

Il nous fit rompre par deux, et nous défilâmes devant nos bons amis, dont les figures basanées et les yeux noirs n'exprimaient pas positivement une grande tendresse pour nous. Brissard était en avant, moi au centre, Ignard à l'arrière-garde.

Un instant avant de partir, comme Brissard passait près de moi, il lui dis :

« Tu vois ces gens-là; ce matin ils étaient nos amis, à ce que disaient les cavaliers du bureau arabe, maintenant ils sont avec les in-

surgés.... Gare au défilé!... S'ils en ont le courage, en se voyant dix contre un et des cartouches plein leur sac, ils feront sur nous une décharge générale; pas un homme du détachement n'en réchappera!

— Tu penses à cela, Goguel, me dit-il en clignant de l'œil; eh bien! j'y pensais aussi!»

Après le commandement de marche, pour gagner la route il fallait sauter un petit fossé. Le lieutenant se mit à la queue de la colonne. Brissard passa le premier; puis les deux trompettes, puis les deux chevaux de bât, puis tous les chasseurs sautèrent l'un après l'autre. Au delà du fossé, on faisait halte pour reformer les rangs. Il ne restait plus qu'un chasseur et le lieutenant.

Nous tournions le dos aux Kabyles. J'avais fait face en queue, par un mouvement instinctif. Comme le dernier chasseur, Katterling, un jeune Alsacien, allait sauter, son cheval fit un faux pas, il tomba dans le fossé; le lieutenant resta seul de l'autre côté. Katterling se releva, remonta sur son cheval; et le lieutenant, passant le dernier, commanda de nouveau :

« Marche! »

Les Kabyles n'osèrent pas bouger.

Deux heures après, nous rentrions dans Tizi-Ouzou, trompettes en tête, ayant laissé à la ferme Berton, à trois kilomètres de la place, le maréchal des logis Ignard et huit hommes, pour garder la route.

Tout le village montait au bordj derrière nous, pleurant, criant, emportant lits, paillasses, meubles, provisions; je n'ai jamais vu pareille scène de désolation.

Nous autres, nous mîmes nos chevaux au piquet dans la cour, et chacun regagna le casernement qu'il avait quitté deux jours auparavant.

Le soir, vers neuf heures, par une nuit très-obscure, le commandant supérieur Letellier envoya un exprès porter l'ordre au maréchal des logis Ignard de se rapprocher avec ses hommes et de garder la route à partir de la fontaine romaine, qui se trouve à cinq cents mètres du bordj, sur le chemin que nous venions de suivre.

La nuit fut tranquille.

Le lendemain matin, le lieutenant Cayatte me prit avec trente hommes, pour aller faire une reconnaissance sur la route de Si-Kou-Médour; en passant près d'Ignard, il lui donna l'ordre de rentrer, puis nous poussâmes notre pointe jusqu'à la ferme Berton; là, nous ne vîmes rien de nouveau. Nous revînmes donc sur nos pas, en prenant l'ancienne route, qui tourne près de la gendarmerie et passe par le cimetière arabe.

Le lieutenant monta sur une éminence à gauche qui domine la vallée, et, ne voyant rien, nous redescendîmes en coupant la route, pour gravir une autre colline, en face de Tizi-Ouzou, celle où se trouvait une redoute en 1857.

Le lieutenant, ayant jeté un coup d'œil, me dit :

« Goguel, vous allez rester ici avec dix hommes, dont un brigadier. Vous mettrez trois vedettes, l'une regardant du côté de la Mâatka, l'autre la vallée du Sébaou, et la troisième le pied de la montagne où se trouve le marabout Dubelloi. »

Puis il partit avec le restant des hommes, en me recommandant, dans le cas où je verrais quelque chose d'extraordinaire, d'envoyer le brigadier prévenir le commandant.

Vers dix heures, comme je fumais tranquillement ma pipe, regardant d'un côté, puis de l'autre, tout à coup des Arabes traversent la rivière et s'approchent de la maison du cantonnier ; ils en enfoncent la porte, et deux minutes après le feu se met à danser sur le toit. Les gueux étaient hors de portée.

Ils ressortent et courent à la ferme Berton ; malgré tout, je ne pus m'empêcher de leur envoyer quelques balles, mais elles n'arrivaient pas jusque-là. Bientôt la ferme commence à brûler ; le toit s'affaisse, il ne reste plus que les quatre murs.

Nous regardions cela, les bras croisés, ne pouvant rien y faire, quand d'un autre côté, du fond de la gorge, et se dirigeant vers les Mâatka, s'avance une longue file de burnous blancs, conduisant des mules par la bride. C'était le corps d'armée du caïd Ali, qui se rendait de tribus en tribus, pour les sommer de se joindre à l'insurrection si elles ne voulaient pas être brûlées.

Naturellement, par ce moyen, le nombre des insurgés allait grandir de minute en minute. Les étendards jaunes et verts marchaient devant. Le commandant Letellier leur fit lancer quelques obus, qui les forcèrent de se rapprocher de la montagne, mais le défilé n'en continua pas moins.

A la nuit tombante, le maréchal des logis Ignard vint me chercher avec mes dix hommes, et nous abandonnâmes la position.

Nous n'étions pas rentrés, que les pillards remplissaient déjà le village arabe ; puis ils envahirent le village européen, abandonné

depuis la veille. Le commandant supérieur fit aussitôt partir les miliciens, appuyés de quelques chasseurs à pied, pour les déloger ; une fusillade assez vive s'engagea. Il y eut plusieurs Kabyles de tués ; mais il en venait d'autres, il fallut se replier ; et peu d'instants après, vers dix heures, le feu se déclara dans le village, d'abord à la maison du jardin militaire, au pied du bordj, en face de l'hôpital, puis au magasin à orge, puis à la gendarmerie, puis enfin dans toutes les maisons, qui brûlaient au milieu de la nuit comme des allumettes. Tout était en flammes et le ciel plein de milliards d'étincelles. On entendait le craquement des toits, l'écroulement des murs ; et dans les rues, où passaient les lueurs de l'incendie, on voyait courir les grands manteaux blancs, la torche au poing. Les pauvres gens du village, réfugiés dans le fort, regardaient s'en aller en fumée ce qu'ils avaient amassé avec tant de peine ; c'était horrible !

Quelques coups de canon furent tirés pour balayer ces misérables, mais à quoi bon ? La nuit, on tire au hasard.

Ce soir même, les tuyaux de la fontaine furent coupés ; il ne nous restait plus que les citernes.

Le lendemain, dimanche, 16 avril, le commandant Letellier déclara l'état de siège, il institua la cour martiale et régla tous les postes et services. Nous étions bloqués et privés de toute voie de communication.

Le commandant fit hisser sur le vieux bordj le drapeau de la France ; il prit les clefs des citernes et distribua les rations de la manière suivante : les hommes un litre et demi d'eau par jour, les femmes et les enfants demi-ration, les chevaux cinq litres. — La moitié de la garnison devait toujours monter la garde aux créneaux et l'autre être de réserve.

L'état de la garnison était alors : 104 mobilisés de la Côte-d'Or, avec un capitaine, un lieutenant, un sous-lieutenant ; cinquante-sept chasseurs d'Afrique, commandés par le lieutenant Cayatte ; soixante-six chasseurs à pied, commandés par le capitaine Truchy et le lieutenant Masso ; une cinquantaine de soldats du 1er régiment du train, commandés par le lieutenant Valé ; vingt-quatre ouvriers d'artillerie, de la 10e compagnie, commandés par le maréchal des logis Erbs ; puis la milice du village : quarante hommes, commandés par le capitaine Tibaud.

Les habitants du village européen encombraient le bordj ; le commandant supérieur eut beaucoup de peine à caser tous ces ménages, — les logements séparés étaient rares ;

—il fallut en mettre partout, dans les casernes, dans les pavillons du génie, de l'artillerie, du bureau arabe.

Nous avions aussi avec nous une quinzaine d'Arabes surpris par l'insurrection, et les spahis commandés par le brigadier Abd-el-Kader Soliman.

Tout cela demandait des vivres et de l'eau.

Par bonheur, le troupeau d'un fournisseur du fort National avait été forcé de se replier sur la place; au moment du soulèvement, le berger n'avait pas trouvé d'autre refuge; son troupeau se composait de vingt bœufs. Il y avait de plus les vaches et le bétail des particuliers; dans tous les coins et recoins du bordj, jusqu'au fond des prisons, on avait logé ces animaux, avec le peu de foin et de paille qu'il avait été possible de sauver.

Le mardi, 18 avril, nous entendîmes tonner le canon du fort National; les Arabes nous serraient de très-près.

Nous n'avions pu garder le redan de la porte du bureau arabe, à cause de son étendue; cette porte restait donc condamnée : elle était en bois plein jusqu'à un mètre et demi environ de hauteur, le dessus en lattage, et le génie avait fait construire derrière un mur en pierres sèches.

Le redan de la porte de Bougie nous resta jusqu'à la fin, parce que le commandant Letellier s'était dépêché de faire construire en avant des épaulements et des retranchements, où les sentinelles se trouvaient à couvert.

Comme artillerie, nous n'avions que des pièces à âme lisse, deux obusiers de quinze, trois obusiers de quatre et deux petits mortiers, ordinairement appelés crapauds.

Les Kabyles voyant de loin que la porte du bureau arabe n'était pas gardée au dehors, espérèrent s'en rendre maîtres; ils se mirent aussitôt à l'ouvrage, et, dès la première nuit, en traçant leurs chemins couverts, ils avaient fait d'assez forts remblais pour attirer l'attention du commandant. Ils poursuivirent leur travail les nuits suivantes avec la même ardeur.

Le jour, c'était une fusillade continuelle; ils tiraient dans la place au tir plongeant. Puis, reconnaissant qu'ils avaient eu tort de brûler le village européen avant de le piller, toutes les nuits on ne les entendait plus que démolir les maisons, pour en emporter les poutres, les fenêtres, les portes à moitié consumées et jusqu'aux tuiles. Quelquefois ils n'étaient pas d'accord sur le partage, alors les coups de bâton roulaient.

Comme les colons de Tizi-Ouzou avaient ensemencé les terrains vagues autour de la place, en vue d'en consacrer les récoltes à secourir les victimes de la guerre contre la Prusse, les blés, les orges, les fèves foisonnaient jusqu'au pied des remparts. Ces cultures ont beaucoup contrarié la défense; les Arabes se glissaient là dedans et poussaient l'audace jusqu'à venir, la nuit, au pied du mur, insulter grossièrement en français M. le curé, les chères sœurs, les gens mariés, nous menaçant tous de nous couper le cou dans quatre ou cinq jours, et nous invitant à nous apprêter. Allez donc tirer, dans la nuit noire, sur des gens étendus dans les hautes herbes, c'était impossible.

Tout cela n'aurait encore été que de la plaisanterie, sans la soif terrible qui s'approchait; la soif est ce que je connais de pire au monde.

Nous souffrions déjà beaucoup avec notre litre et demi d'eau, dont un quart pour le café, un quart pour boire à la main, et le reste pour la soupe; c'était déjà fort, quand on réduisit la ration à un litre par homme, et celle des chevaux à trois litres.

Jamais tu ne pourras te faire l'idée d'une privation pareille; je ne parle pas seulement des hommes, mais encore des animaux.

Si tu avais vu nos bœufs errer dans la cour des prisons arabes et dans le bordj, poussant des mugissements sourds, qui ne sortaient qu'avec peine de leurs entrailles desséchées; si tu les avais vus, la tête basse, les yeux hors de la tête, les naseaux arides, aller ainsi comme de vieilles carcasses, tu aurais frémi; leur chair, quand on les tuait, était plus rouge que du jambon. Et les moutons, les chèvres, il fallait les voir avaler jusqu'aux feuilles de papier, et nous, nous tous, avec nos figures noires de crasse, car tu penses bien qu'on ne se lavait plus, il fallait aussi nous voir!... On avait pitié de soi-même en se regardant; on se sentait comme un masque de plâtre sur la face.

Voilà ce qui s'appelle un supplice; et quelle rage cela vous donnait contre ceux qui vous réduisaient à cet état! Mais ils étaient plus de cent contre un; d'autres passaient par milliers, hors de portée du canon; ils gardaient toutes les routes, tous les défilés.

Pendant la nuit, au milieu du grand silence, nous les entendions forger je ne sais quoi dans l'église de Tizi-Ouzou. Le matin, lorsqu'ils regagnaient leurs retranchements et se distribuaient les postes, le commandant Letellier ne perdait jamais l'occasion de leur envoyer quelques obus; mais durant le jour, au moment où la grande chaleur du soleil pesait sur le bordj, tout restait paisible; ils avaient résolu, les gueux, de nous réduire par la soif et la famine.

Je suis sûr que des Arabes ou d'autres traîtres enfermés avec nous dans la place les tenaient au courant de ce qui s'y passait; cela parut clairement le 22 avril.

Ce jour-là, quelques instants avant midi, toute la garnison fut prévenue qu'à midi juste aurait lieu une sortie, pour détruire les ouvrages inquiétants des Kabyles, à la porte du bureau arabe. On avait bien fait de ne nous prévenir qu'à la dernière minute, car à peine l'ordre donné, l'ennemi savait notre intention.

Il n'était pas prêt à nous recevoir, il lui fallait du temps pour appeler des renforts. Aussitôt on annonça qu'un parlementaire kabyle se présentait à la porte de Bougie; il tenait à la main un roseau, garni au bout d'une feuille de papier écolier.

« Qu'on le laisse entrer! » dit le commandant, qui tout d'abord avait deviné la manœuvre.

C'était un vieux Kabyle à barbe grise, faisant le saint homme, l'ami de la paix!

« Qu'est-ce que tu veux? » lui demanda le commandant au milieu des officiers.

L'autre alors dit qu'il avait obtenu de ses compatriotes qu'avant de livrer l'assaut, on proposerait au commandant de capituler, et que s'il y consentait, la garnison, les femmes et les enfants seraient conduits sains et saufs à Dellys.

« Tu te moques de moi! s'écria le commandant. Je vais te montrer comment nous capitulons. »

Puis, s'adressant au brigadier de gendarmerie :

« Vous allez me garder ce parlementaire à vue, dit-il; nous reprendrons la conversation plus tard. »

Et tout aussitôt, le sabre au côté, le revolver à la main, la longue-vue sous le bras, il prit le commandement des troupes déjà rangées derrière la porte.

Moi, j'étais avec douze hommes sur le bastion du bureau arabe; Ignard, avec le même nombre, sur celui du génie; la porte se trouvait entre nous deux.

Le lieutenant Cayatte et le maréchal des logis Brissard, avec quinze chasseurs, devaient rester en réserve à la porte de sortie. Ignard et moi, les fusils dans les créneaux, nous devions protéger la retraite. Le maréchal des logis Erbs, avec un obusier de 15, envoyait des boîtes à mitraille sur le village, pour empêcher les Arabes d'arriver au secours des leurs de ce côté.

Les troupes composant la sortie étaient des chasseurs à pied, des mobilisés; quelques soldats du train et la milice, avec des pioches, pour détruire les ouvrages des Kabyles. Un petit obusier de quatre, manœuvré par cinq artilleurs et un brigadier, devait appuyer l'attaque.

Naturellement, le garde du génie avait eu soin de faire enlever la muraille en pierres sèches construite contre la porte; tout à coup elle s'ouvrit et nos hommes s'élancèrent au pas de course. Les Kabyles, dans leurs ouvrages, n'étaient pas à plus de vingt mètres.

Aussi longtemps que je vivrai, j'aurai ce spectacle sous les yeux :

« Haïe!... Haô!... Haô!... » criaient nos soldats.

À six pas en avant des premiers, courait M. Goujon, l'interprète; il tenait son fusil en joue et tua le premier Arabe qui se levait de la tranchée; je le vis ensuite sauter dans les chemins couverts; sa crosse en l'air ne faisait que monter et s'abattre. Le capitaine Truchy le suivait de près; puis tous les chasseurs à pied, la baïonnette en avant. C'étaient des cris, des hurlements de rage sans fin, là, devant nous, sous les créneaux, des malédictions à nous faire dresser les cheveux sur la tête.

Les Arabes, après avoir soutenu l'orage une minute, lâchèrent pied; leurs blessés, se traînant à quelques pas, finissaient par tomber. Ce fut même quelques jours après la cause d'une infection épouvantable; l'un de ces hommes était tombé à quelques pas du redan, il pourrit sur place, parce que ni les Arabes ni nous, nous ne pouvions l'enlever; les chiens et les chacals le dévorèrent à notre vue, se disputant ses lambeaux et les traînant de tous côtés.

Mais, pour en revenir à la sortie, au bout de quelques instants, du haut des créneaux nous vîmes arriver une véritable avalanche d'Arabes, il en venait par milliers, malgré la mitraille; on aurait dit qu'ils sortaient de dessous terre; notre fusillade, dont chaque coup portait dans la masse, semblait même exciter leur fureur. Le commandant s'en aperçut, il donna le signal de la retraite : tout rentra précipitamment et la porte se referma.

La milice et les soldats du train avaient renversé les épaulements de leurs chemins couverts; le but principal de la sortie était atteint. Mais tout le restant de ce jour et la nuit suivante personne ne ferma l'œil.

C'était horrible ! (p. 21).

« Attention !... Et tout le monde aux créneaux ! » avait dit le commandant Letellier.

Il avait bien raison, car nous étions au milieu d'un cercle de Kabyles qui ne se possédaient plus de rage ; partout, dans toutes les directions, se dressaient leurs drapeaux. Je n'aurais jamais cru que les Kabyles fussent en aussi grand nombre. Nous nous attendions à les voir d'une minute à l'autre se précipiter à l'assaut, mais ils reçurent sans doute de leurs chefs l'ordre d'attendre une occasion plus favorable ; et puis ils espéraient nous réduire par la soif.

Leur exaltation tomba pendant la nuit ; ils avaient éprouvé de grandes pertes ! Les nôtres furent d'un chasseur à pied, resté malheureusement entre leurs mains, et d'un vieux brigadier d'artillerie, blessé à la tête et qui mourut à l'hôpital. Le sergent-major Martin fut aussi mordu au pouce très-grièvement par un Kabyle.

C'est à partir de ce jour que les chevaux commencèrent à périr ; on ne savait plus où les enterrer ; un grand trou, qu'on avait fait derrière la poudrière, était comble. Outre les chevaux, nous avions aussi le bétail qui n'en pouvait plus.

Je crois voir encore le vieux maître d'école Colombâni, tout petit, tout ratatiné dans sa capote noire râpée, son vieux chapeau gris sur la nuque, arriver à la cantine, suivi de sa vache et de son veau, qui ne le quittaient jamais ; je l'entends nous dire d'une voix plaintive :

« Ah ! messieurs les maréchaux des logis,

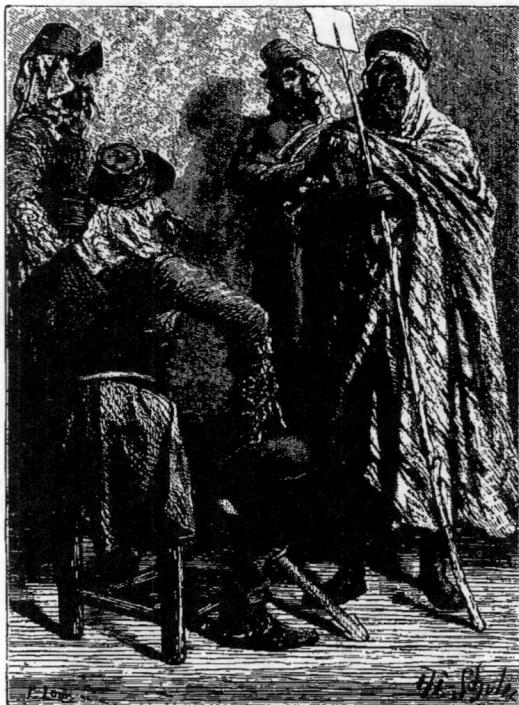

C'était un vieux Kabyle à barbe grise, faisant le saint homme (p. 23).

ayez pitié de ma pauvre vache! c'est tout notre bien.... Qu'est-ce que nous deviendrions, ma femme, mes filles et moi, sans notre vache, mon Dieu!... Un peu d'eau, je vous prie.... Voyez comme elles me suivent, les pauvres bêtes! »

Tu penses s'il était bien reçu ; rien que de l'entendre nous demander de l'eau, l'indignation nous prenait,' nous l'aurions jeté volontiers par la fenêtre.

Ce pauvre vieux grimpait tous les jours sur les petits platanes de la place, dont il arrachait les feuilles pour sa vache. Les Kabyles, le voyant de loin, tiraient dessus, les balles sifflaient dans les branches, mais il n'y prenait pas garde; on avait beau lui crier de descendre, il ne vous écoutait pas.

Le brave homme a fini par sauver sa vache et son veau; il le méritait bien!

Je me rappelle aussi de ce temps une scène singulière et même touchante. Un entrepreneur du génie, dont le nom ne me revient pas maintenant, avait une trentaine de bourricots dans le bordj ; les malheureux ânes n'avaient pas bu depuis quelques jours, aussi figure-toi si leurs oreilles pendaient, s'ils tiraient la langue. C'était une vraie pitié !

Enfin, comme ils commençaient à crever, et que ç'aurait été du travail pour les enterrer, on décida qu'il valait mieux les lâcher à la grâce de Dieu. Ils étaient tous marqués au fer rouge sur la fesse, et l'entrepreneur pensa sans doute que c'était la meilleure chance de les sauver et de les ravoir,

4

si nous échappions de notre triste position.

Je me trouvais justement au redan de la porte de Bougie, quand on les amena tous à la file, pour leur donner la clef des champs. Ils ne se tenaient plus debout, et l'on eut mille peines à leur faire comprendre ce dont il s'agissait; ils ne voulaient pas monter sur le talus; il fallut les pousser par derrière, l'un après l'autre; mais à peine avaient-ils vu la campagne, que leurs grandes oreilles se redressaient et qu'ils se mettaient à trottiner vers la fontaine, comme des lièvres; l'odeur de l'eau les attirait de plus d'un kilomètre.

En les voyant défiler ainsi, tout joyeux et ranimés, nous aurions bien voulu pouvoir les suivre.

Mais revenons à des choses plus sérieuses.

Depuis le malheur de mon pauvre lieutenant Aressy, je n'oubliais pas d'aller le voir chaque jour à l'hôpital. Il me serait bien difficile de te donner une idée de cette petite chambre blanchie à la chaux, de ce lit malpropre et de cette odeur presque insupportable. L'eau manquait pour laver les bandages, c'est tout dire !

Et puisqu'on représente toujours le long des rues, à tous les coins de Paris et d'ailleurs, les chères sœurs et monsieur le curé assis auprès du lit des malades, et secourant les blessés sur le champ de bataille, je déclare que ceux de Tizi-Ouzou ne s'y trouvaient jamais et qu'ils restaient prudemment dans leur coin, chose connue de toute la garnison et de tous les habitants du bordj, qui ne viendront pas dire le contraire.

Il faudrait pourtant tâcher de mettre les actions un peu d'accord avec les peintures, et ne pas faire lever les épaules des gens par de semblables comédies.

A cause de cet isolement, mon bon et brave lieutenant, autrefois si gai, l'air si riant, était tout abattu. Mon Dieu ! qu'il me faisait de peine, et qu'il était content de recevoir quelques nouvelles du dehors !

Souvent il bouillonnait et s'indignait d'être cloué là.

« Voyez la fatalité, mon cher Goguel, disait-il ; être réchappé de Sedan, avoir assisté à cette fameuse charge, où le régiment s'est si bien montré.... et venir ici attraper bêtement une balle au bivac, après une action.... Ah ! si je l'avais seulement reçue en pleine poitrine, au moins je serais mort ! »

Alors l'émotion le gagnait, il ne pouvait s'empêcher de pleurer.

Tout cela, tu le penses bien, ne vous embellissait pas l'existence, et souvent je me disais que si nous sortions de ce trou, les Kabyles en verraient de dures; je serais la poignée de mon sabre, en pensant :

« Malheur à vous quand sonnera la charge ! Vous me payerez tout ce que nous souffrons; vous me le payerez cher ! »

De leur côté, les gueux se faisaient sans doute des réflexions semblables; chaque matin je les voyais le nez en l'air, dans leurs tranchées; ils aiguisaient leurs flissas, comme pour nous dire :

« Apprêtez votre cou ! Voici ce qui vous attend ! Vos citernes doivent être bientôt vides.... le moment approche où nous vous ferons passer le goût du pain ! »

Nous touchions alors au mois de mai, tous les jours il faisait plus chaud que la veille; et dans notre bordj, entre neuf heures du matin et cinq heures du soir, quand le soleil d'Afrique passait au-dessus de nos murs blancs, sans verdure et sans ombre, nous desséchions sur pied. Rien ne bougeait; nos spahis mêmes, qui supportent mieux la soif que nous, restaient assis, les jambes repliées, la tête penchée, tout rêveurs.

Les Arabes ont quelque chose pour se consoler de tout, c'est de dire que c'était écrit; mais tu penses bien que cette façon de voir ne me convenait pas, et que j'étais résolu à défendre ma peau jusqu'à la dernière extrémité.

Malgré cela, d'être enfermé dans cette espèce de cimetière, et de monter régulièrement la garde autour, sans pouvoir s'allonger de temps en temps un coup de sabre avec l'ennemi; de rêver toujours à boire; de se représenter le plaisir qu'on aurait eu à vider d'un trait une bonne canette de bière bien fraîche, et de se forger d'autres illusions pareilles, sans arriver à rien, c'était terrible au bout du compte. Chaque fois qu'il passait un nuage, on se disait :

« Il va pleuvoir ! »

Puis le nuage s'en allait dans les oliviers de la montagne, le soleil revenait plus beau qu'avant, et l'on restait à sec comme des poissons sur le sable, quand la rivière se retire.

Nous croyions aussi quelquefois entendre un orage dans le lointain; on écoutait : c'était le canon du fort National, de Dellys, de Dra-el-Misan ! — L'insurrection s'étendait partout.

Je ne te cache pas que je me suis souhaité plus d'une fois en ce temps d'être à Saint-Dié, dans les Vosges, au milieu des sapins, auprès d'un ruisseau; et que souvent la nuit, le manteau autour de la tête, dans un coin quelconque, après la garde, je me suis traité d'imbécile, d'être venu me fourrer dans ce guêpier de Tizi-Ouzou, pendant que tant d'autres, restés chez eux malgré les appels du gouvernement provisoire, faisaient leurs trois repas par jour, arrosés de bon vin, et fumaient tranquillement leur pipe à la brasserie, dans l'après-dînée, en battant les cartes et causant des petites affaires de la ville. — Oui, bien souvent je me suis écrié :

« Oh ! Goguel, faut-il que tu sois bête de t'être engagé sans réfléchir une minute, tandis que des milliers de garçons plus riches que toi, ayant beaucoup plus de bien à défendre, ne bougeaient pas de la maison. Ils deviendront maires de leur commune, membres du conseil général, députés du département ; ils épouseront de jolies filles, qui t'auraient peut-être préféré ; et toi, dans cette misérable bicoque, tu dépéris de soif ; tu risques de voir ta tête promenée de gourbi en gourbi, au bout d'un bâton ! Oh ! mon pauvre Goguel, faut-il que tu manques de bon sens ! Si tout le monde était forcé de servir, à la bonne heure, en partant tu n'aurais fait que ton devoir, mais de cette manière, tu t'es conduit comme un véritable fou. »

Voilà les réflexions que je me faisais.

Ce qui m'indignait encore le plus, c'était de voir que les Kabyles, au lieu de nous attaquer, voulaient nous prendre comme des rats dans une ratière.

La patience de ces gens finit pourtant aussi par se lasser ; ils nous croyaient à bout, quand un soir, les nuages, qui depuis si longtemps allaient et venaient, s'arrêtèrent sur le bordj, les éclairs se mirent de la partie, et nous reçûmes une averse abondante.

Quelle joie pour les hommes et le bétail ! Nous avions de l'eau cette fois, on put s'en donner ! Et comme l'eau de tous les toits s'en allait aux citernes, elles furent à moitié remplies. Les Arabes en devinrent furieux.

« Ah ! chiens de Français, criaient-ils de leurs chemins couverts, vous avez du bonheur qu'Allah ait pensé à vous ! Il vous prolonge l'existence de cinq ou six jours ; mais vous ne perdrez rien pour attendre ! »

Bientôt nous vîmes qu'ils se rendaient par bandes dans les villages environnants, et qu'ils en rapportaient des poutres, des planches, des fagots. Ces fagots s'entassaient derrière un monticule, en face de la porte du bureau arabe, et toute la garnison pensa qu'ils étaient enfin décidés à livrer l'assaut ; qu'ils allaient tous accourir au premier signal, leur fagot sur l'épaule, et qu'ils les jetteraient en tas au pied du mur, jusqu'à la hauteur du rempart, où l'on se prendrait corps à corps.

On s'apprêtait à les bien recevoir.

Or, la nuit même où on s'attendait à l'attaque, j'étais de réserve au bureau arabe. Il faisait un clair de lune magnifique ; nos écuries touchaient à ce bureau ; le toit s'appuyait au sommet contre le mur du bordj, et, dans la cour à l'intérieur, il reposait sur des piliers en forme de hangar. On voyait au-dessous les chevaux et les mulets rangés à la file ; et devant le mur du fond, percé de meurtrières, se tenaient nos spahis, l'arme prête, observant la campagne.

J'avais ordre d'empêcher que la moindre parole ne fût échangée entre nos hommes et l'ennemi, car les Kabyles, dans leurs tranchées, n'étaient pas à plus de quinze mètres du rempart.

Je me promenais donc de long en large, fumant ma cigarette, écoutant et regardant ce qui se passait.

A minuit sonnant, j'éveillai le brigadier Péron, qui prit la garde à son tour ; puis, enveloppé dans mon grand manteau blanc, je m'étendis derrière les chevaux, sur une botte de paille, à l'ombre du toit, et je m'endormis profondément.

Dieu sait depuis combien de temps je dormais et quelle heure il pouvait être, quand de ma place je vis entre les pieds des chevaux un trou énorme dans le mur, sous la mangeoire.

« Ah ! me dis-je, en pensant aux Kabyles, c'est par là qu'ils veulent entrer ! »

Et tout aussitôt la tête barbue d'un Kabyle, les yeux luisants comme ceux d'un chat, parut dans ce trou ; j'en frémis !... Il tenait à la main un grand yatagan et rampait de mon côté ; puis j'en vis un autre derrière, puis un troisième, ainsi de suite.

Je faisais des efforts terribles pour me lever et crier aux armes ! Impossible !... quelque chose me pesait sur la poitrine.

Et voilà que le premier Kabyle arrive auprès de moi ; il me regarde dans l'ombre, son bras se lève, le yatagan m'entre dans l'estomac jusqu'à la garde ; je sens le sang qui bouillonne de la blessure.... alors je crie :

« A moi, chasseurs ! »

La sentinelle se retourne et me demande :

« Qu'est-ce que vous avez donc, maréchal des logis ? »

Et je lui réponds, en portant les mains à ma poitrine toute chaude et toute mouillée :

« Je suis blessé.... mon sang coule !... »

Mais le silence régnait partout. Je me lève,

et qu'est-ce que je vois au clair de lune? Mon manteau tout jaune du haut en bas : — Je venais d'avoir un cauchemar, et vers la fin, une mule, tirant sur sa longe pour se reculer, m'avait inondé de son urine.... C'est de là que venait ce que j'avais pris pour du sang!

Tu penses si les camarades se moquèrent de moi le lendemain, lorsque je leur racontai mon rêve; tout le bordj en rit de bon cœur; ce fut une distraction à nos misères.

Malheureusement l'assaut n'arrivait pas! Les Kabyles, bien loin de penser à grimper aux murs, s'étaient construit des baraques avec leurs matériaux, pour nous observer plus à leur aise. Nous avions eu plusieurs hommes tués aux créneaux ; dix-sept chevaux étaient morts de soif; le bétail se trouvait réduit des trois quarts, l'eau des citernes redevenait rare, on creusait depuis longtemps le puits du paratonnerre sans en trouver; on attendait du secours, et rien ne paraissait.

Nous aurions bien fait notre trouée le sabre à la main et la baïonnette en avant; mais les femmes et les enfants n'auraient pas pu nous suivre, et le commandant Letellier n'était pas homme à les laisser en arrière. Pas un de nous d'ailleurs n'était capable d'avoir une idée pareille; nous serions plutôt morts là jusqu'au dernier; il faut nous rendre cette justice.

On ne pensait donc plus qu'à la colonne qui devait venir nous délivrer.

Le 11 mai, étant de garde au bastion de la poudrière, je traversais la place, vers midi, pour aller manger la soupe, quand, en passant auprès des chariots de MM. Moute, d'Alger, réfugiés dans le bordj, en me retournant avant d'entrer à la cantine, je vis une immense colonne de fumée se dérouler dans les airs.

« Qu'est-ce que cela? dis-je à l'un des conducteurs.

— Ça, maréchal des logis, c'est le caravansérail d'Azib-Zamoun qui brûle. »

J'entrai, pensant qu'il avait raison.

Mais le soir, après avoir relevé mes factionnaires, comme j'allais m'étendre au pied du mur pour dormir, un coup de canon au loin me fit dresser la tête; j'écoutais en retenant mon haleine; un second coup bien faible arriva jusqu'au bordj, et je me dis :

« Si j'en entends un troisième, c'est le signal, nous sommes sauvés! »

En effet, le troisième coup retentit, mais si loin, qu'il fallait être prévenu pour l'entendre.

J'aurais bien voulu pouvoir annoncer la bonne nouvelle aux camarades, mais malheureusement j'étais de garde, impossible de quitter le poste.

Toute cette nuit-là les Kabyles ne firent que tirer et crier, sans doute pour nous empêcher de voir ou d'entendre d'autres signaux.

Enfin, à quatre heures du matin, le vieux brigadier Abd-el-Kader parut et me dit, en étendant la main vers la porte du bureau arabe :

« Il n'y a plus de Kabyles de ce côté, maréchal des logis; ils sont tous à la porte de Bougie. »

Je ne pouvais le croire; mais bientôt des mobilisés de la Côte-d'Or s'avancèrent hors des remparts et se mirent à couper les blés pour le bétail; puis, vers le camp du maréchal, au coude de la route, je vis s'élever un long nuage de poussière, annonçant une colonne en marche. Le bruit courut aussitôt que nous allions être débloqués!... Songe avec quelle émotion les malheureux enfermés dans le bordj venaient s'en assurer de leurs propres yeux.

Deux heures après, nous vîmes flamber le petit village de Vin-Blanc; un officier français à cheval parut sur la route d'Alger; il entra ventre à terre, annonçant l'arrivée de la colonne Lallemand, composée de huit mille hommes, dix pièces de canon et deux mitrailleuses.

Inutile de te peindre l'enthousiasme des gens, les cris de : Vive la France! Vive la République!

Les Kabyles se repliaient à la hâte vers la montagne ; ils se concentraient au village arabe, près du marabout Dubelloi.

Un pauvre soldat du train accourut sur les remparts pour jouir de ce spectacle; je le vois encore arriver tout riant et se pencher dans un créneau, quand il s'affaissa, la tête toute sanglante. La dernière balle avait été pour lui. On l'emporta.

« Allons... allons... criait le lieutenant Cayatte, pas de temps à perdre... bridons... il faut faire boire les chevaux. »

Mais comment leur passer la bride? Ils ne pouvaient plus ouvrir leur bouche gercée et crevassée. On se mit pourtant à cheval et l'on partit. J'avais pris bien vite un morceau de savon. Comme nous arrivions à la fontaine turque, la tête de la colonne débouchait auprès; le général Lallemand, en nous voyant dans cet état, se mit à sourire.

Il faut avoir passé par là, pour savoir quel bonheur il y a de se laver, de se savonner et de se bouchonner à fond avec de bonne eau fraîche. Toute la colonne défilait auprès de nous; bientôt ce fut le tour du régiment. Le régiment! Tu ne connais pas ça, puisque tu n'as jamais servi; le régiment, vois-tu, c'est la famille du soldat, ça remplace tout !

Les petits schakos à couvre-nuque blancs, les vestes bleu de ciel, les gros pantalons rouges à jupe, les larges baudriers blancs s'avançaient au pas, dans la poussière; le cliquetis des sabres, le hennissement des chevaux nous réjouissaient encore une fois l'oreille; comme nous regardions!...

Et tout à coup une voix crie :

« Goguel ! »

Mon vieux camarade Rellin saute à terre; d'autres sous-officiers le suivent. Quelles bonnes et solides poignées de main on se donnait; qu'on était content de se revoir !

Mais la colonne marchait; il fallut se remettre en selle et partir au trot pour reprendre son rang.

Nous autres, les manches retroussées, nous continuâmes notre lessive; puis, après nous être bien lavés, bien savonnés, nous revînmes à Tizi-Ouzou, menant les chevaux par la bride.

Tout allait bien alors de notre côté ; seulement, à vingt-six kilomètres de nous, dans la haute montagne, le fort National restait toujours bloqué; les Kabyles, fortement retranchés autour, avaient coupé la route en plus de vingt endroits. En attendant qu'on pût les déloger, le général Lallemand donna l'ordre de déblayer nos environs; et comme nous rentrions au bordj, un bataillon partait déjà le fusil sur l'épaule, pour enlever le village arabe. Mais la résistance fut plus sérieuse qu'on ne pensait; les Kabyles, furieux de voir que nous leur échappions, se battaient avec désespoir; il fallut envoyer un second bataillon, puis un régiment, enfin toute la colonne fut engagée.

Au premier coup de canon, j'étais monté sur les remparts du vieux bordj, qui dominaient la position. Des milliers de Kabyles, embusqués dans les maisons du village et derrière leurs immenses haies de cactus, faisaient un feu d'enfer; de tous les côtés, au milieu des orangers, des mûriers, des sycomores, s'élevait la fumée de leur fusillade. Notre artillerie leur répondait du village européen, hachant cette verdure comme de la paille, et nos tirailleurs arrivaient sur eux au pas de course. Plus d'une ruelle était déjà pleine de morts et de blessés.

La lutte fut longue; mais aux approches de la nuit, les Kabyles, enfoncés sur toute la ligne, se mirent en retraite; leurs longues jambes brunes s'allongèrent sur la côte, grimpant au marabout Dubelloi, pour gagner d'autres cimes éloignées; quelques rares coups de fusil brillaient encore de loin en loin dans les oliviers, puis tout se tut, et la flamme monta sur le village, enlaçant les vieux arbres déjà mutilés, dont les grandes ombres tremblotaient dans la plaine.

Cela fait, la colonne Lallemand resta deux jours sous Tizi-Ouzou; elle rétablit les tuyaux de la fontaine, elle approvisionna la place, et nous quitta le matin du troisième jour, en nous laissant une compagnie d'infanterie, une pièce rayée et une mitrailleuse. Elle allait au nord, vers la mer, et livra le lendemain le sanglant combat de Taourga, qui dispersa les insurgés et les força de lever le blocus de Dellys. Huit jours après, elle était déjà revenue à Temda et recevait la soumission des Beni-Djéma. C'est là que notre petit détachement, escortant un convoi de pain, alla la rejoindre; le commandant Letellier était à notre tête. Nous revîmes, en passant, Si-Kou-Médour, complètement abandonné, le Sébaou, dont nous suivîmes encore une fois le lit desséché, et la colline où nous avions livré combat quarante jours avant. Enfin, vers huit heures du matin, nous arrivâmes à Temda.

La colonne campait sur la côte.

Je passai quelques heures avec les camarades. Nous fîmes même un tour au village, et je me rappelle avoir vu là, dans une ruelle, en train de ravager quelques ruches; ils étaient noirs de mouches et riaient comme des fous, sans s'inquiéter des piqûres, ayant sans doute un moyen de s'en préserver; ils mordaient à même dans les rayons de miel et s'empressèrent de nous en offrir. J'acceptai, et je me souviendrai longtemps de la colique qui s'ensuivit.

Ce même jour, on fit sauter la maison du caïd Ali et l'on brûla Temda. Il était environ quatre heures du soir, la colonne avait plié bagage et descendait au Sébaou, pour aller camper plus loin dans la montagne. Nous autres, nous reprîmes le chemin de Tizi-Ouzou; vers cinq heures, nous repassions par Si-Kou-Médour; les habitants de ce village avaient rejoint les insurgés.

Il faisait une chaleur étouffante. Tout se taisait dans ce monceau de gourbis, de huttes, de baraques, où des centaines de cigognes avaient élu domicile; chaque vieux toit en portait deux ou trois nids énormes, pleins de jeunes, dont les cous repliés et les grands becs toujours ouverts attendaient la pâture. Les mères, par douzaines, arrivaient de la vallée du Sébaou, leur apportant des couleuvres, des crapauds, des grenouilles. Les arbres mêmes étaient chargés de ces nids; on aurait dit des greniers à foin. Au-dessous, dans les petites ruelles, entre les haies touffues, couraient des colonies de poules et de poulets, que les Arabes n'avaient pas eu le temps d'emmener avec le bétail.

Voilà les seuls habitants de Si-Kou-Médour.

Comme nous approchions du village, le commandant donna l'ordre d'y mettre le feu, ce qui se fit rapidement par une vingtaine de chasseurs. On arrachait du toit voisin une poignée de chaume qu'on allumait et qui vous servait ensuite de torche. Au bout d'un quart d'heure, tout était en feu; et par ce temps chaud, calme, les flammes se réunirent bientôt en une gerbe immense, puis la fumée noire monta directement au ciel.

Là, je vis une scène vraiment attendrissante et terrible : les cigognes, ces oiseaux des marais, appelées par les cris de leurs petits, planaient au milieu de cette fumée sombre; elles plongeaient dans le brasier et tombaient mortes sur leurs couvées.

Nous partîmes au pas; mais combien de fois je tournai la tête, regardant ce spectacle navrant, et me rappelant ce que nous avions souffert nous-mêmes en France : nos villes brûlées, nos terres ravagées, nos parents fusillés par les Prussiens.

Une heure après, nous rentrions à Tizi-Ouzou; et chaque jour, depuis, nous entendions gronder le canon dans la montagne; nous voyions les villages brûler tantôt à droite, tantôt à gauche.

Vers le 1er juin, la colonne Lallemand revint camper auprès de nous; le général ne se trouvait pas assez en force pour tenter le déblocquement du fort National; mais la colonne Cérez, forte de six à sept mille hommes, arrivait des environs d'Aumale; il s'agissait d'opérer la jonction avant de commencer l'attaque.

Le 5 juin au soir, étant allé serrer la main de mon ami Babelon, lieutenant au premier régiment de tirailleurs algériens, il me dit que la nuit suivante la colonne allait lever le camp, et qu'elle serait à la pointe du jour au pied des Mâatka, dont elle gagnerait la crête, pour se joindre à la colonne Cérez. En effet, la colonne Lallemand partit le lendemain, laissant à Tizi-Ouzou de la cavalerie, une compagnie d'infanterie, deux pièces de canon et deux mitrailleuses. Ce détachement, le 6 juin au matin, partit à son tour; se dirigeant par la route muletière de Dra-el-Misan, vers la montagne où se trouve le village de Bounoum. Les Kabyles, croyant que nous allions les attaquer de ce côté, descendirent en masse

à notre rencontre; et la colonne Lallemand, qui se trouvait plus loin, profita de cette diversion pour grimper directement sur les crêtes des Mâatka sans éprouver de résistance.

Vers onze heures du matin, tout était terminé. Le détachement rentra dans le bordj; et ce même soir nous vîmes les feux des deux colonnes briller à la cime des montagnes; la jonction était faite.

Depuis ce moment jusqu'au 15 juin, nous entendîmes tous les jours gronder le canon derrière les Mâatka; mais il paraît qu'on ne pouvait s'approcher du fort National dans cette direction, c'est pourquoi les deux colonnes Cérez et Lallemand redescendirent à Tizi-Ouzou. Nous les croyions découragées, quand, une nuit, toute l'infanterie partit, laissant la cavalerie en plaine; elle arriva vers quatre heures du matin au pied des Beni-Raten, près du moulin Saint-Pierre, et l'assaut de ces immenses hauteurs, couronnées par le fort National, commença tout de suite.

Du haut des remparts, nous voyions nos soldats grimper à travers les oliviers et les broussailles, traînant après eux l'artillerie. Tout montait et tirait à la fois. Les pièces étaient mises en batterie sur chaque escarpement et tonnaient à leur tour; les Kabyles se défendaient avec courage. Rien au monde ne pourrait rendre l'effet de nos vingt pièces de canon tonnant dans les échos des Beni-Raten : c'était un roulement formidable et grandiose.

Au plus fort de l'action, le fort National fit une sortie; les Kabyles, pris entre deux attaques, se décidèrent enfin à quitter la position; ils se dispersèrent, et le fort fut débloqué; vers trois heures de l'après-midi, les deux colonnes campaient autour de ses murs.

Je pourrais m'arrêter ici, puisque nous étions dégagés, mais il faut que tu connaisses la fin de cette histoire, car le reste ne regarde pas seulement les choses de la guerre, mais encore les affaires intérieures de ces pays si beaux, si riches et si malheureux.

Le 24 juin au soir, le commandant Letellier, du cercle de Tizi-Ouzou, prit le commandement de quatre escadrons de cavalerie et nous choisit pour escorte, nous qui l'avions secondé dans sa défense du bordj. Nous allâmes coucher sur les cendres de Si-Kou-Médour. Le 25, nous campions un peu au-dessus de Temda. Le 26, de grand matin, nous partîmes avec le commandant, les quatre escadrons et les spahis du bureau arabe. Nous nous rendîmes au village de Djéma-Sahridj, dans la tribu des Beni-Frassen, pour recevoir leur soumission et les maintenir par notre présence, car l'insurrection n'était pas comprimée; une foule d'insurgés allaient encore grossir le nombre des combattants d'Echeriden. Tout ce jour, le canon se fit entendre dans la direction du fort National; il devait se livrer là-bas une véritable bataille. La précaution du commandant ne fut pas inutile, nous avions nos chevaux au piquet sur la place du village, et personne n'était tenté, nous voyant là, d'aller se battre ailleurs.

Le village de Djéma-Sahridj est peut-être un des plus beaux de l'Algérie; on ne s'en douterait pas en le regardant de la vallée, car des rochers se hérissent tout autour; mais arrivé au haut, c'est un paradis terrestre; plus de cinquante sources bouillonnent aux environs, et dans ce pays de soleil brûlant, l'eau c'est tout, c'est l'abondance, la richesse. Aussi toutes les maisons de Djéma-Sahridj sont-elles bâties en pierres, couvertes de tuiles, entourées de jardins et plongées dans la verdure des noyers, des cerisiers, des orangers, des figuiers, tous couverts de fruits et entrelacés d'énormes plants de vigne. Près de la mosquée j'ai même remarqué trois grands palmiers, arbres assez rares dans les hautes régions de la Kabylie. Les femmes et les enfants avaient seuls quitté le village; nous les voyions qui nous observaient d'un air craintif, du haut des rochers.

Les chasseurs firent là le café. Les Kabyles nous apportaient des couffins pleins de figues sèches; les pauvres gens, ayant vu brûler tant d'autres villages, avaient peur. Enfin, le commandant, qui se promenait de long en large, tout pensif, donna l'ordre du départ, et nous retournâmes au camp, où bivaquaient les camarades.

Nous repartîmes de là le jour suivant, remontant le Sébaou, pour aller camper à dix ou douze kilomètres plus haut, vers les sources de la rivière. La vallée se rétrécissait toujours à mesure que nous avancions; des rochers bruns se dressaient à droite et à gauche; les cultures devenaient rares; la ronce, le chêne-nain, les lentisques prenaient le dessus; à peine si quelques petits villages se montraient encore au fond de ces halliers.

Le lendemain, de bonne heure, le commandant fit partir un escadron en reconnaissance chez les Beni-Djéma; puis il nous emmena pousser une pointe très-avant dans la vallée.

Vers onze heures, nous atteignîmes un mamelon, où nous restâmes toute la journée en observation; le soir, nous rentrâmes au camp. La nuit, dans ce recoin, se passa très-bien, et

le lendemain, avant le jour, nous repartîmes encore, renforcés d'un peloton du premier régiment de chasseurs.

Après avoir marché pendant trois ou quatre heures à travers des broussailles n'offrant plus trace de sentier, nous arrivâmes près d'un petit marabout solitaire, perdu dans les hautes herbes; un verger de figuiers au-dessus, sur la pente du ravin, et plus bas un moulin kabyle au bord de la rivière, profondément encaissée.

Ce moulin, couvert de chaume, les poutres moussues, paraissait vieux comme le temps; l'eau lui venait d'une cascade galopant sur les rochers et qui tombait dans un gros tronc d'arbre creux, d'environ quinze pieds; au bas de l'arbre se trouvait une turbine en bois, grossièrement taillée, et sur le pivot même de la turbine, la meule en forme de toton; quand on voulait arrêter le mouvement, il suffisait de repousser l'arbre attaché par une corde à l'autre bout; l'eau tombait alors à côté. J'ai regardé cela très-attentivement; toutes les choses naturelles m'intéressent.

Tu vois que les turbines ne datent pas d'aujourd'hui, car cette vieille baraque avait pour le moins cent cinquante ans. Tout autour croissaient d'énormes frênes. Je m'étais assis au bord du courant, fumant ma pipe; mon camarade Ignard était en vedette près du marabout, avec cinq hommes, et nos chasseurs arrachaient des oignons dans le petit jardin à côté, pour manger avec leur pain.

Il pouvait être dix heures lorsque le commandant donna l'ordre de remonter à cheval. On descendit dans le lit de la rivière, presque à sec, on fit halte.

Nous étions là depuis environ un quart d'heure, le commandant à vingt-cinq ou trente pas en avant, quand nous vîmes arriver une femme européenne sur un mulet, escortée de deux Kabyles armés. Cette femme, déjà vieille, était habillée d'une robe en loques; elle avait un chapeau de paille, les bords rabattus et liés contre les oreilles. En arrivant près du commandant, elle descendit de sa mule, et, se jetant à genoux, elle lui embrassa les mains, les bottes, et jusqu'aux pieds de son cheval. Nous ne savions ce que cela voulait dire; et comme Ali, le cavalier du bureau arabe, passait près de moi, je lui demandai ce que c'était.

« Ça, maréchal des logis, dit-il, c'est la femme d'un colon de Bordj-Menaïel, que Caïd Ali a faite prisonnière, avec quarante-cinq autres du même village; il l'envoie en parlementaire. »

Il me regarde dans l'ombre, son bras se lève (p. 27).

Jamais je n'ai vu de figure plus triste et plus touchante. Ce que la malheureuse dit au commandant, je n'en sais rien, mais je l'entendis lui répondre :

« Allez!... Retournez vers Caïd Ali, et dites-lui que s'il ne veut pas vous rendre à tous la liberté, nous irons vous chercher; je suis las d'attendre! »

Alors elle remonta sur sa mule et repartit, escortée de ses deux Kabyles.

Nous n'attendîmes plus longtemps; une heure environ après débouchaient du vallon une troupe de Kabyles armés; ils arrivaient au pas et s'arrêtèrent à trois cents mètres de nous.

Le commandant se porta seul en avant; un frère de Caïd Ali s'avança de son côté; ils causèrent ensemble quelques instants; puis le frère du caïd, se retournant, fit un signe à ses hommes, et nous vîmes bientôt s'avancer du fond de la gorge une troupe de gens affaissés, déguenillés, minables : c'était la population de Bordj-Menaïel, ce qui restait du massacre! Caïd Ali avait trouvé bon de les emmener comme otages, se réservant de leur couper le cou s'il était vainqueur, et, s'il était battu, de les rendre, grave circonstance atténuante.

Représente-toi la joie de ces pauvres gens lorsqu'ils nous aperçurent; ce n'étaient que des vieillards, des malades, des femmes et des enfants, en blouse, en veste, en chapeau, en casquette, tels qu'on les avait ramassés deux mois avant, les uns dans leurs maisons, les autres pendant le travail des champs; enfin

Là, j'ai vu pleurer un Kabyle (p. 34).

des gens réchappés de la potence, je ne peux pas mieux te dire. Il y avait soixante et dix jours qu'on les promenait de tribu en tribu ; tous les jours ces malheureux entendaient le canon de la colonne qui se rapprochait, et toutes les nuits Caïd Ali les faisait aller plus loin.

Ils vinrent donc nous serrer les mains et nous raconter leurs misères. Tu ne saurais croire ce qu'ils avaient supporté. Chaque village les nourrissait à son tour; on ne leur donnait que du blé et des figues sèches, et chaque fois que les Kabyles venaient d'éprouver un échec, ils arrivaient auprès d'eux, aiguisant leurs flissas et disant :

« Préparez-vous... Il est temps! »

Puis ils délibéraient entre eux, et disaient :

« Eh bien, non! pas aujourd'hui, mais demain! »

Je ne te parlerai pas des autres outrages que les malheureux avaient endurés... Ce serait trop horrible!... Le fanatisme religieux rend les hommes pires que les derniers des animaux.

Le commandant ayant rappelé Ignard et ses cinq hommes, fit monter ces pauvres gens sur des mulets qu'on avait mis en réquisition au dernier village; ils partirent, escortés d'un peloton de chasseurs, se dirigeant vers l'endroit où campait le reste de la cavalerie. L'ordre était de les conduire le lendemain à Tizi-Ouzou.

Le commandant n'avait retenu qu'un seul homme de la troupe, celui qu'il avait jugé le

5

plus robuste et le plus intelligent, pour le conduire au général Lallemand, campé dans la haute Kabylie, près du Jurjura.

Je regardais cette scène tout pensif. La figure d'un Kabyle surtout attirait mon attention ; il était grand, il avait le nez un peu fort, la barbe courte, noire et frisée ; je me demandais où je l'avais vu, quand Brissard me dit : « Tu ne reconnais pas cet Arabe à cheval ? C'est Saïd Caïd, le cavalier noir de Temda. »

Je le reconnus aussitôt ; il était sur le même cheval et portait le même manteau noir, nous regardant d'un air de hauteur, en se grattant la barbe avec indifférence. Il venait faire sa soumission, maintenant qu'ils étaient tous battus.

Le commandant donna l'ordre du départ.

« En route ! dit-il en montrant les sommets ; nous en avons pour six heures avant d'arriver là-haut. »

Et nous partîmes.

Si j'étais forcé de te peindre les chemins par lesquels nous avons passé à la file les uns des autres, toujours grimpant comme des chèvres, le précipice tantôt à droite, tantôt à gauche, les pentes d'oliviers sauvages, de chênes-nains, de myrtes et de genévriers à perte de vue au-dessous de nous, j'en serais bien embarrassé. Lorsque nous arrivions au haut d'un pic et que nous disions : « Nous y sommes ! » un autre se présentait, encore plus haut ; nous pensions que cela n'en finirait plus.

Du reste, nos petits chevaux arabes n'avaient pas l'air trop fatigués ; ils étaient là dans leur élément.

De loin en loin se rencontraient aussi de grands villages kabyles, soumis tout récemment ; les gens, sur leurs portes, nous présentaient de l'eau dans des écuelles de bois pour nous rafraîchir.

Finalement, après avoir grimpé sept heures, nous découvrîmes entre deux pics, sur un plateau couvert de gros frènes et d'oliviers, les petites tentes et les pantalons rouges de la colonne.

Le commandant Letellier, le colon qu'il avait amené et Saïd Caïd se rendirent au quartier général, et nous campâmes au-dessus d'un petit ravin, à l'endroit où l'on abattait le bétail. L'air était si clair à cette hauteur, que la tête vous en tournait.

J'allai voir tout de suite mon ami Babelon, le lieutenant de turcos. Les officiers de son régiment s'étaient construit une petite hutte en feuillage ; ils finissaient de dîner. Babelon me reçut comme un vieux camarade, et ces messieurs rappelèrent le cuisinier pour lui dire de me servir ; ils m'obligèrent à m'asseoir, ce que je fis de bon cœur, l'appétit ne manquait pas. Sur les neuf heures du soir, je les quittai ; nous étions restés quinze heures à cheval, j'avais besoin de faire un somme.

Le lendemain au tout petit jour, on sonnait déjà le départ. Je courus remercier Babelon de son bon accueil, et nous prîmes encore ensemble un verre de cognac sur le pouce.

« Allons, Goguel, me dit-il au moment de nous quitter, bientôt nous nous reverrons au pays ; aussitôt l'expédition terminée, je demande une permission, et toi tu seras libéré.

— Le plus tôt sera le mieux ! » lui répondis-je en riant.

Il me regarda filer et rentra sous sa tente.

Nous suivions alors la crête des montagnes. C'est là qu'on respirait à son aise et qu'on voyait de loin : d'un côté, la mer toute bleue, Alger dans le ciel, avec son port, ses jardins, ses maisons blanches ; et de l'autre côté, le Jurjura, dont les immenses contre-forts, chargés de rochers, de forêts et parsemés de villages arabes, s'allongeaient à perte de vue dans toutes les directions jusqu'au bout de la plaine. Plus on regardait, plus on voyait de choses.... Ah ! oui, c'était beau !... Quelle colonie nous aurions là, si l'émigration s'y était portée depuis trente ans ! Tous les malheureux que le besoin pousse dans le désordre vivraient là-bas au milieu de l'abondance ; nous n'aurions plus à craindre les révolutions de la misère.... Mais le régime du sabre empêche tout !... Ceux qui quittent leur pays, pour chercher fortune ailleurs, aiment mieux s'en aller en Amérique ; et pendant que chez nous des millions de travailleurs ne possèdent pas un pouce de terre, nous avons en Algérie des millions d'hectares en friche, qui n'attendent que des bras pour produire les plus magnifiques récoltes.

Tous les chasseurs étaient comme moi, pas un ne disait mot ; nous regardions en silence, laissant les chevaux marcher, la bride sur le cou.

A neuf heures, nous passions auprès du village d'Echeriden, où s'était porté, quelques jours avant, le coup décisif de la campagne. Après ce combat, les Kabyles, repoussés de leurs derniers retranchements, n'avaient plus eu qu'à se soumettre.

Ce grand village était détruit ; les gros arbres étaient coupés et les petits tellement fauchés par la mitraille, qu'on aurait dit des blés couchés sur leurs sillons.

Là, j'ai vu pleurer un Kabyle, — je n'en ai

jamais vu d'autre ! — Il ne trouvait même plus la place de sa maison ; la femme, assise auprès de lui sur une pierre, se cachait la figure sur les genoux, et les enfants semblaient ahuris. Pauvres gens ! Le noble Caïd Ali les avait soulevés contre nous, en les menaçant de brûler leur village, s'ils ne marchaient pas ; ils étaient ruinés de fond en comble.

Vers onze heures, nous arrivâmes au fort National, et nous mîmes nos chevaux au piquet sur la route, en entrant. Il faisait très-chaud. Brissard se chargea de nous trouver à déjeuner ; puis nous allâmes prendre quelques chopes avec les soldats du train, qui nous reçurent en bons amis. On se raconta les évènements de la guerre. Caïd Ali avait tenté l'assaut du fort National ; il avait fait construire des échelles, disant à ses gens que celui qui ne toucherait pas au moins le mur serait maudit ; qu'il n'aurait jamais part aux délices du paradis ; qu'il glisserait en bas du rasoir, en passant sur l'enfer, enfin des histoires de Lourdes et de la Sallette !...

Nous écoutions ces choses, qui méritent qu'on y réfléchisse ; dans tous les pays, les ignorants sont des instruments terribles entre les mains des fanatiques, et nous avons aussi des marabouts en France !...

A trois heures, nous reprîmes le chemin de Tizi-Ouzou, escortant deux mitrailleuses et deux pièces rayées ; à sept heures, nous rentrions dans le bordj.

Ainsi finit notre campagne.

Dans les premiers jours du mois de juillet, le bruit se répandit que les militaires libérables auraient bientôt leur congé, et, le 12 au matin, Ignard, moi et vingt-deux chasseurs d'Afrique, nous quittions Tizi-Ouzou pour nous rendre à Dellys ; nous laissions au bordj Brissard, avec le lieutenant Cayatte et le reste des chasseurs.

Ce bon et brave Brissard et l'honnête maréchal des logis Erbs nous accompagnèrent jusqu'à la fontaine Turque ; en nous quittant, ils pleuraient comme des enfants.

Le soir, nous étions à Dellys et nous prenions le bateau de la côte pour Alger, où nous arrivâmes le lendemain ; de là, par le chemin de fer, nous retournâmes à Blidah. Enfin, le 15 juillet nous avions nos feuilles de route en poche et nous regagnions nos foyers.

LES ANNÉES DE COLLÉGE

DE

MAITRE NABLOT

I

En 1834, dit maître Nablot, sous le règne de Louis-Philippe, vivaient à Richepierre, en Alsace, sur la pente des Vosges, un honnête notaire, M. Didier Nablot, sa femme, Catherine, et leurs enfants : Jean-Paul, Jean-Jacques, Jean-Philippe, Marie-Reine et Marie-Louise.

Moi, Jean-Paul, j'étais l'aîné de la famille, et je devais, en cette qualité, succéder un jour à l'étude de notre père.

Ce bon temps de la jeunesse me revient dans toute sa fraîcheur : je vois notre vieille maison à l'entrée du village, sa cour, entourée de hangars, de granges, d'écuries; son fumier, où se promenaient les poules; sa large toiture plate, où tourbillonnaient les pigeons, et nous autres enfants, le nez en l'air, jetant de hauts cris, pour chasser les moineaux qui venaient piller le grain dans le colombier.

Et puis, derrière les vieilles bâtisses vermoulues, je vois notre jardin, qui descend jusqu'au bas de la colline, avec ses bordures de buis le long des allées et ses carrés de légumes. La vieille servante Babelo, les cottes retroussées, coupe des asperges avec un vieux couteau terreux; la mère cueille des haricots ou d'autres légumes de la saison, son grand chapeau de paille tombant sur les épaules et le panier au bras... Tout est là, devant mes yeux !

Au-dessus de nous s'étageait le village, montrant ses fenêtres innombrables, hautes, basses, rondes ou carrées; ses vieux pignons garnis de bardeaux et de planches contre la pluie et le vent; ses balustrades et ses escaliers de bois. Les femmes allaient et venaient le long des galeries; et, tout au haut de la côte, les sentinelles se promenaient l'arme au bras sur les remparts du vieux fort.

C'est un spectacle que je n'oublierai jamais, un de ces souvenirs d'enfance beaux comme un rêve, parce qu'alors on ne pensait à rien; que le déjeuner, le dîner, le souper vous attendaient tous les jours à la même heure, et qu'on dormait tranquillement sur la foi des bons parents, sans s'inquiéter du lendemain.

Voilà le plus beau temps de la vie!

Notre père, petit homme vif et remuant, aimait à parler haut, à dire sa façon de voir sur toutes choses, à morigéner les campagnards, gens pleins de ruses et de chicanes, disait-il, auxquels il faut mettre les points sur les i, pour éviter les procès. Bien loin de les engager à faire des actes, il les prévenait toujours d'être prudents, de réfléchir avant de se décider; et quand il s'apercevait d'un détour, d'un piège, d'une porte de derrière, selon son expression, l'indignation l'emportait. C'est alors qu'il fallait l'entendre se fâcher; sa voix montait et descendait, toujours plus perçante; on l'entendait de la rue. Et les autres, les braves gens qu'il apostrophait de la sorte, le bonnet de coton ou le large feutre à la main et l'air rêveur, s'en allaient, hommes et femmes, se consultant entre eux sur l'escalier et se demandant s'il fallait rentrer.

Mais lui, tout à coup, poussait la porte et leur criait :

« Allez-vous-en au diable et ne revenez jamais. Je ne veux plus rien savoir de votre affaire. Allez trouver maître Nickel. »

On pense bien qu'avec ce système nous ne devions pas être riches; mais dans tout le pays on disait :

« M. Nablot est un bon notaire ; c'est un honnête homme ! »

Quant à notre mère, grande, blonde, les joues rosées comme une jeune fille, sous ses cheveux grisonnants, c'était la plus tendre des mères.

Elle surveillait son ménage, ne laissait rien se perdre, et savait tirer parti des moindres loques, pour nous habiller et nous tenir propres. Tous les vieux habits du père passaient de l'un à l'autre, en commençant par moi; et quand Jean-Philippe les avait portés, ils étaient bien usés, bien rapiécés, je dois en convenir. Aussi criait-il et s'indignait-il avec les mêmes gestes et les mêmes éclats de voix que notre bon père, de ce que j'étais toujours mieux mis que lui, chose que le bon petit garçon ne pouvait comprendre. Marie-Reine et Marie-Louise héritaient des vieilles robes de notre mère, et tout allait ainsi le mieux du monde, à la grâce de Dieu.

Nous fréquentions alors l'école de M. Magnus, un bon vieux instituteur à grande capote râpée, culotte courte et souliers ronds à boucles de cuivre, comme il s'en rencontrait encore quelques-uns dans nos montagnes, au commencement du règne de Louis-Philippe. Son école fourmillait d'enfants; les uns — en très-petit nombre — bien habillés, comme nous; les autres, pieds nus, crasseux, en blouse déchirée, en manches de chemise, la culotte de toile pendue à l'épaule par une seule bretelle, un lambeau de casquette sur la tignasse, enfin quelque chose d'incroyable et qui ne sentait pas bon, surtout en hiver, les portes et les fenêtres fermées.

Nous étions là dedans, mes frères et moi, comme de petits seigneurs gros et gras, roses et joufflus, auprès de pauvres êtres minables, et dont plusieurs, avec leurs yeux de chats ou de petits renards, avaient l'air de vouloir nous manger.

M. Magnus, son martinet sous le bras, semblait aussi nous respecter plus que les autres, et ne tapait sur nous qu'à la dernière extrémité : nous étions des enfants de bonne famille, les fils de M. le notaire de Richepierre ! Et puis, à sa fête et au jour de l'an, il recevait de notre mère quelques tablettes de chocolat et deux ou trois bouteilles de vin rouge de Thiaucourt, ce qui méritait considération.

Malgré cela, nous ne pouvions pas avoir les premières places, parce que Christophe Gourdier, le fils du portier-consigne, Jean-Baptiste Dabsec, le fils du garde champêtre, et Nicolas Koffel, le garçon du tisserand, avaient tous une plus belle écriture que nous; qu'ils récitaient mieux leurs leçons et savaient mieux additionner et multiplier au tableau.

Cela me désolait, car à force d'entendre dire à la maison que les Nablot avaient toujours été les premiers de père en fils, et que c'était une honte de voir les garçons d'un vétéran, d'un chasse-pauvres et d'un ouvrier nous grimper sur le dos, je m'indignais en moi-même d'une si grande humiliation.

Et le pire, c'est que ces trois gueux, entre l'école du matin et celle du soir, allaient encore à la forêt chercher leur fagot de bois mort, pour gagner leur vie; tandis que nous autres nous avions tout notre temps pour étudier et repasser les leçons.

La colère me prenait quelquefois tellement en songeant à cela, qu'un jour, rencontrant Gourdier, le fils du portier-consigne, qui rentrait pieds nus au village, avec son fagot sur l'épaule, je l'appelai mendiant !

Il était petit, maigre et sec; mais aussitôt, jetant son fagot à terre, et son grand bonnet de police crasseux, qui lui couvrait la nuque, à côté, il tomba sur moi comme un loup et me donna tant de coups de poing en quelques secondes, que je ne voyais plus clair et que le sang me coulait du nez comme un ruisseau.

Je poussais des cris terribles.

Gourdier, sans s'émouvoir, remit tranquillement son fagot sur l'épaule, il passa dessous le manche de sa hachette et continua son chemin, remontant vers le fort comme si rien ne s'était passé.

J'aurais pu le dénoncer à mon père, qui l'aurait fait renvoyer de l'école, mais j'avais pourtant encore trop de bon sens pour ne pas voir qu'il avait eu raison, et je me contentai d'entrer dans notre cour, pour me laver le nez à la pompe.

Depuis ce jour, j'ai conservé, sans le vouloir, une sorte de respect pour le fils du vétéran et les autres camarades qui portaient des fagots, me disant en moi-même qu'ils avaient les os durs, qu'ils étaient vifs et hardis à force de grimper sur les arbres, et puis qu'ils portaient lourd. Oui, cela m'inspira toutes sortes de réflexions sur la force !

Peu de temps après ce désagrément, comme j'allais tous les jeudis et tous les dimanches au bois, chercher des nids avec cinq ou six camarades plus déguenillés les uns que les autres, le père me fit une grande remontrance à ce sujet, criant que le fils d'un notaire n'est pas le fils d'un manœuvre ; qu'il ne doit pas aller vagabonder avec la racaille, et que chacun en ce monde est obligé de tenir son rang et de se respecter lui-même, s'il veut obtenir le respect des autres.

Je l'écoutais, comprenant bien ce que cela signifiait. Il finit par me dire que le temps était venu de songer aux choses sérieuses, et que j'allais prendre des leçons de latin chez M. le curé Hugues.

M. Hugues était un grand Lorrain de cinq pieds huit pouces, maigre, osseux, la figure rouge et les cheveux gris taillés en brosse. Il aimait beaucoup mon père et venait souvent le soir à la maison faire sa partie de cartes. C'est lui qui m'apprit mes déclinaisons, mes conjugaisons et la règle *liber Petri*.

J'allais tous les jours, après dîner, à la cure, dans son cabinet orné de livres, la fenêtre ouverte sur un petit jardin fermé de hautes murailles.

« Ah ! te voilà, Jean-Paul, me disait-il ; assieds-toi, tu peux commencer à réciter. »

Et tout en se promenant, en prenant de grosses prises dans sa tabatière, sur la table, en regardant dehors par la fenêtre, il me criait de temps en temps :

« Futur : *amabo, amabis, amabit*, j'aimerai, tu aimeras, il aimera. Infinitif : *amare*, aimer.... C'est bon, je suis content de toi. Voyons le devoir. »

Il prenait mon thème, regardait et disait :

« C'est ça !... ça marchera.... Tu connais déjà les deux premières règles : *Ludovicus rex* — *Liber Petri*. C'est bien. Il faudra voir l'autre, la règle : *Amo Deum*, j'aime Dieu ; et puis l'autre : *Implere dolium vino*, remplir le tonneau de vin ; *vinum* à l'ablatif. C'est une belle règle ; nous verrons ça. »

Je crois qu'en me parlant il songeait à tout autre chose. — Ensuite il me disait :

« Tu peux t'en aller, Jean-Paul. N'oublie pas de souhaiter le bonjour à ton père et à ta mère de ma part. »

Et je m'en allais. C'est ainsi que j'apprenais le latin.

Dès que le village sut que j'allais chez M. le curé, je fus un grand personnage ; toutes les vieilles me regardaient d'un air d'attendrissement ; le bruit courut bientôt que je me préparais pour le séminaire. On me saluait, on m'appelait « monsieur Jean-Paul », et mes anciens camarades, même Gourdier et Dabsec, étaient impressionnés par cette grandeur nouvelle.

Moi, je me redressais et je prenais un air grave, pour répondre à l'attention publique ; je faisais à la maison le petit papa, parlant à mes frères et sœurs d'un air de protection et d'indulgence. L'idée de la comédie me gagnait ; il faut que ce soit en quelque sorte naturel aux hommes de notre race, de se poser selon l'opinion des autres.

Cela durait depuis plus d'un an, et M. le curé vantait beaucoup mes progrès, lorsqu'il fut question de me conduire au collége de Saarstadt, où l'on faisait des bacheliers, moyennant quoi vous pouviez pousser vos études plus loin, et devenir médecin, avocat, juge, pharmacien, fonctionnaire de l'État, en allant étudier encore quelques années soit à Strasbourg, soit ailleurs.

Mes parents ne causaient plus que de cela ; et, comme l'affaire me regardait particulièrement, j'écoutais leurs conversations sur ce chapitre avec intérêt, me représentant d'avance toutes les joies et les satisfactions que j'allais avoir au collége, toutes les couronnes que j'allais remporter, selon les prédictions de M. le curé, et la belle place que j'aurais, au bout du compte, si je cédais l'étude à mon frère Jean-Jacques, pour m'installer dans une position plus élevée.

Cela me paraissait aussi simple, aussi naturel que de manger ma soupe le matin ; je ne savais pas encore que bien d'autres veulent avoir les bonnes places ; qu'il faut livrer bataille, ou courber l'échine pendant quinze ou vingt ans pour les obtenir, parce qu'au lieu de se gagner au concours, comme ce serait juste, elles sont trop souvent le prix de la platitude et de l'hypocrisie, et qu'un très-grand nombre de découragés s'en vont à la fin sans avoir rien obtenu du tout.

Mon père et ma mère voyaient aussi tout en beau ; leur résolution fut arrêtée vers l'automne de 1834, et dès lors la mère ne pensa plus qu'à mon trousseau.

Le père, très-fort sur les ordonnances et les règlements concernant l'instruction publique, dont il avait acheté le recueil à Strasbourg, disait :

« Il faut un habit de drap bleu de roi, collet et parements bleu céleste, un pantalon idem, deux caleçons, une veste bleue pour la petite tenue, deux paires de draps, six serviettes, huit chemises, six mouchoirs de poche, douze paires de bas, dont six de laine et six de fil ou de coton, trois bonnets de nuit, un peigne et une brosse à cheveux, deux paires de souliers neufs, avec les brosses nécessaires pour le nettoyage et le cirage des chaussures. Il faut tout cela, d'après le décret du 17 mars 1808, sur l'organisation des colléges communaux, les décrets du 15 novembre 1811, le statut du 28 septembre 1814, l'ordonnance royale de 1821, la circulaire de 1823, etc., etc. »

Il avait tout étudié d'avance et savait jusqu'au nombre de boutons qu'il fallait à l'uniforme ; aussi était-ce une véritable affaire d'État pour m'habiller d'après les règlements ; il fallut faire venir le drap, la doublure et les boutons de Saverne ; et puis ma mère, sachant que Blaise Rigaud, le tailleur du village, avait la mauvaise habitude de fourrer du drap dans son sac, ma bonne mère fit tout peser devant lui, sur la balance de notre buanderie : boutons, drap, doublure, fil, afin de retrouver le même compte plus tard, avec les vêtements et les morceaux de reste.

Je n'ai jamais vu de figure plus étonnée que celle de maître Blaise en ce moment ; il baissait le nez, comme un vieux renard surpris d'un pareil tour ; il ne disait rien et réfléchissait bien sûr à la malice des femmes ; mais comme l'ouvrage était rare, et qu'il était sûr d'avoir bonne table à la maison, et même un verre de vin à dîner, il s'installa dans la grande salle, commençant par me prendre mesure et par tailler le drap avec ses grands ciseaux. Ensuite il grimpa sur la table, et les jambes croisées, l'écheveau de fil pendu au cou, il se mit à pousser l'aiguille.

Toute la famille, grands et petits, le contemplait. Moi, j'étais toujours là pour essayer les habits quand il en avait besoin. Le père continuait ses études sur les lois, ordonnances et décrets touchant l'Université.

Au bout de huit jours, payés et mis à peu près bien, le cordonnier Malnoury m'ayant aussi fait de bons souliers avec trois rangées de clous, et la couturière de bonnes chemises de toile, il fut décidé que le père m'achèterait une casquette d'uniforme chez M. Surloppe, chapelier à Sâarstadt, attendu qu'il n'existait pas à Richepierre d'ouvrier capable de m'en faire une selon l'ordonnance de 1823.

Enfin les effets essayés, payés et mis en ordre dans la vieille malle, le père, la mère et M. le curé, la veille du départ après souper, me firent un long sermon, me recommandant de bien travailler, de remplir toujours mes devoirs religieux, de ne pas oublier mes prières et d'écrire à la maison au moins deux fois par mois ; et, le lendemain matin, 5 octobre 1834, au milieu de la moitié du village rassemblé pour me voir partir, mes anciens camarades déguenillés et pieds nus parmi la foule, notre vieille Grisette attelée au char à bancs, mon père et moi assis devant, la malle

derrière dans la paille, le fouet se mit à claquer.

La mère pleurait ; les petits frères et sœurs, les bras levés autour de la voiture, voulaient encore m'embrasser ; la vieille servante Babelô, qui m'avait vu venir au monde, accourait le tablier sur les yeux ; et moi je trouvais cela bien extraordinaire, puisque je partais pour mon bonheur.

De Richepierre à Sâarstadt on compte quatre lieues par les bois. De loin en loin se rencontrent un étang, une scierie, une maison forestière sous les roches et les sapins, un bûcheron qui retourne au village, sa hache sur l'épaule, un juif qui ramène sa vache de la foire ; les gens s'arrêtent au bord du chemin, ils semblent vous attendre et vous saluent d'un grand bonjour. Tout le monde se salue dans la montagne, les rencontres sont si rares !

En cette saison de l'année, les feuilles mortes remplissaient déjà la route ; le bétail se promenait en silence au fond des vallées, et ce spectacle de la solitude vous rendait tout rêveur.

Le père ne disait rien ; quelquefois il touchait le cheval du bout de son fouet, et nous recommencions à courir.

Vers onze heures, nous arrivions sur le plateau de Hesse, et la ville, avec ses remparts du temps d'Adam, ses vieilles tours croûlantes, son église et ses maisons de grès rouge, apparaissait au bas de la côte, dans la vallée de la Sarre.

Vingt minutes après, nous entrions par la porte des Vosges ; les vieux fossés remplis de jardins et le corps de garde des douaniers défilaient ; j'eus à peine le temps de les voir. Notre voiture s'engouffra sous la porte sombre ; les pas du cheval retentirent sur le pavé, et je commençais à regarder les petites maisons basses, propres, bien alignées, quand notre char à bancs s'arrêta sur une petite place, devant l'auberge de l'Abondance, au milieu d'une quantité d'autres voitures, diligences, cabriolets, encombrant la porte cochère, et de malles, de porte-manteaux entassés contre les murs, jusqu'au fond de la cour.

En ce temps, l'hôtel de l'Abondance était une des premières auberges du pays ; on ne parlait, sur toute la route de Strasbourg à Nancy, que des bons rôtis, des bonnes fricassées et du bon vin de Mme Abler ; commis voyageurs, gros propriétaires des environs, tout le monde s'arrêtait à l'Abondance, sûr d'y trouver de bons dîners à quarante sous et des chambres tant qu'on en voulait. C'était alors le grand courant, et naturellement, à la rentrée des va-

Tout est là, devant mes yeux. (p. 36).

cances, quand tant de gens d'Alsace et de Lorraine amenaient leurs enfants au collége, l'encombrement était encore plus extraordinaire.

Un garçon vint dételer notre cheval ; on porta notre malle dans une chambre au premier, et nous montâmes aussitôt nous donner un coup de brosse, étant tout blancs de poussière ; après quoi nous descendîmes pour dîner.

La grande salle en bas fourmillait de monde ; des familles entières d'Alsaciens, père, mère, enfants grands et petits, étaient venus ensemble voir la ville, avant de laisser leur fils ou leur frère au collége ; c'est à peine si nous trouvâmes une petite table où nous placer près des fenêtres. Mais tout fut servi promptement : soupe, rôti, grand plat de choucroute garni de saucisses, jambon et salade ; et puis les noix, le raisin, les biscuits, le fromage, le tout arrosé de bon vin.

Je n'avais jamais vu de mouvement pareil. Notre dîner terminé, le père ayant pris son café, se leva et me dit :

« Maintenant, Jean-Paul, je vais te présenter à M. Rufin, le principal ; arrive ! »

Nous sortîmes et nous traversâmes la place du marché, encombrée de monde. Des officiers de cuirassiers, le bonnet de police sur l'oreille et la taille serrée dans leur petit habit-veste, se promenaient au milieu de la foule, en faisant sonner leurs éperons. Nous prîmes à gauche, la rue de la Sarre, et bientôt nous fûmes sur l'escalier en péristyle du vieux couvent des

Je vois les camarades qui se réveillent... (p. 44).

Capucins, transformé en collége depuis l'Empire.

« C'est ici, dit le père ; monte ! »

La grande porte du vestibule était encore ouverte, car les classes ne devaient commencer que le lendemain. Le vieux tailleur Van den Berg, concierge du collége, laissait encore entrer et sortir, observant seulement les passants par les petites vitres de sa loge ; malgré cela, nos pas retentissant sur les dalles de la première cour me donnèrent à penser.

Nous entrâmes dans le grand corridor, par où les anciens capucins allaient autrefois à leur chapelle, et dont les hautes fenêtres à la file ressemblaient à des arcades. Mon père frappa deux petits coups du doigt à une porte ; on sentait je ne sais quelle odeur d'encens.

« Entrez ! » dit quelqu'un d'une voix nasillarde.

C'était Canard, l'un des domestiques, un petit homme brun, très-laid et les cheveux luisants de pommade.

Il époussetait les meubles avec son plumeau.

« Monsieur le principal ?

— Il est là, monsieur, » répondit Canard en montrant une autre porte à gauche.

Il fallut frapper de nouveau, et l'on répéta :

« Entrez ! »

Alors nous entrâmes dans le cabinet de M. Rufin, un véritable cabinet de principal : beau parquet luisant, belle bibliothèque, grand fourneau de porcelaine à cercles de cuivre et plaque de marbre, meubles de noyer, rideaux de damas sombre, enfin quelque chose de tout à fait bien. La haute et large fenêtre donnait sur la cour du rempart.

M. l'abbé Rufin, un petit homme à soutane et rabat bien propres, la figure ronde et grassouillette, l'œil gauche un peu trouble et fixe, et l'autre assez observateur, M. Rufin, qui lisait, déposa son livre sur la table et se leva pour nous recevoir, nous invitant à prendre place.

On s'assit.

Mon père remit au principal une lettre de M. Hugues, qui lui donnait toutes les explications nécessaires sur mon compte.

« C'est très-bien, dit M. Rufin après avoir lu, cela suffit; nous ferons notre possible pour seconder vos vues. Les classes s'ouvrent demain, vous n'aurez qu'à faire transporter la malle au collége; nous trouverons au jeune homme une bonne place à la salle d'étude et au dortoir. »

Il me touchait la joue de sa main potelée, d'un air de bienveillance, et moi j'étais devenu tout timide.

« Puisqu'il sait ses déclinaisons, ses verbes réguliers et les premières règles du rudiment, dit M. le principal, nous pourrons le mettre tout de suite en sixième, dans la classe de M. Gradus; il traduira le *de Viris illustribus urbis Romæ.*

Je ne bougeais pas, et mon père semblait comme attendri.

« C'est un bel enfant, » finit par dire M. Rufin.

Puis, ayant pris mes nom et prénoms sur son registre, reçu le prix du premier semestre et donné quittance, M. le principal nous reconduisait, lorsqu'un véritable flot de nouveaux venus se présenta dans l'antichambre : toute une famille de Lorrains, trois garçons, qu'il s'agissait d'inscrire, le père, la mère, le curé de la commune; aussi M. Rufin, dépêchant son salut à mon père, dit aux arrivants :

« Messieurs et madame, donnez-vous la peine d'entrer. »

Nous sortîmes dans le corridor, la porte se referma, et nous reprîmes en silence le chemin de la rue.

Une sorte d'inquiétude avait remplacé mon enthousiasme, et j'aurais voulu pouvoir retourner au village; le père devinait sans doute mes pensées; en marchant, il me dit :

« C'est maintenant une affaire faite; nous allons dire à l'auberge de porter ta malle au collége. Tu seras avec de braves gens; tu travailleras bien; tu nous écriras souvent, et s'il le faut, je viendrai te voir. C'est un passage difficile, mais nous avons tous passé par là. »

J'entendais à sa voix qu'il se raffermissait lui-même, et pour la première fois peut-être je compris toute l'étendue de son affection.

A l'Abondance, ses ordres étant donnés, nous ressortîmes faire un tour en ville. Il me montrait les édifices et me parlait avec une sorte de considération, comme on parle à un jeune homme :

« Tiens, voilà le palais de Justice; c'est là que se réunissent les juges et qu'on vend les coupes. Voici la caserne, où logent les soldats, l'hôpital militaire, etc. »

Nous visitâmes toute la petite ville, même sa vieille prison, son hospice Saint-Nicolas et sa synagogue. C'était pour passer le temps, pour ne pas nous séparer tout de suite.

A cinq heures et demie nous rentrâmes au collége; ma malle était arrivée, le domestique l'avait portée au dortoir; il nous y conduisit. Nous vîmes Mme Thiébaud, la lingère, et son fils, qui était borgne.

En haut, dans l'immense corridor, une foule d'autres élèves étaient arrivés; les grands avaient leur petite chambre à part: d'anciennes cellules donnant sur la cour intérieure. Chacun s'occupait de ranger ses effets, de remettre son trousseau à la lingère. On chantait, on riait, comme des gens qui ont bien dîné. On nous regardait passer en disant :

« Tiens.... un nouveau!... »

D'autres personnes se promenaient aussi dans cet immense corridor avec leurs fils.

M. Canard nous mena plus haut, au grand dortoir, où des quantités de petits lits sur deux rangs allaient d'un bout de la salle à l'autre.

« Voici le lavoir, nous dit-il, en nous montrant deux grandes aiguières de fer-blanc; c'est ici que les enfants se lavent, avant de descendre pour l'étude du matin, à cinq heures. »

Et puis, tout au bout de la salle, entre les deux fenêtres du fond, il nous fit voir mon lit, déjà prêt, avec son petit rouleau pour oreiller et sa couverture à liséré rouge; ma malle était au pied du lit.

Tout ce mouvement, ces éclats de rire des camarades, ces étrangers allant et venant autour de nous, me donnaient d'avance le sentiment de l'isolement où j'allais être; je cherchais des yeux quelque figure sympathique, mais chacun s'occupait de ses propres affaires; une sorte de trouble me gagnait.

Il n'y a que ceux de troisième ou quatrième année qui rient en rentrant dans leurs habitudes; tous les nouveaux, je le crois, éprouvent un grand serrement de cœur.

Enfin, ayant donné un coup d'œil à l'établissement, mon père remercia Canard de nous avoir conduits et lui glissa quelque chose dans la main.

La nuit venait. Nous redescendîmes; et comme nous rentrions dans la cour en bas, le père Van den Berg, son vieux bonnet de laine grise sur les oreilles, le nez et le menton en carnaval, et son tricot retombant de ses épaules voûtées, — une vraie figure de vieux capucin ressuscité d'entre les morts! — ouvrait un petit placard sous la voûte du vestibule, et se mettait à tirer une corde. La cloche de l'antique chapelle tintait; ces sons se répandaient dans tous les vieux corridors, les élèves descendaient à la file.

C'était l'heure du souper, qu'on avait avancé pour donner aux parents le temps de regagner leur village le même jour, en rentrant le moins tard possible.

On se réunissait dans la cour, avant d'aller au réfectoire, les petits devant, les grands derrière.

En ce moment, les embrassades commençaient de tous les côtés :

« Adieu, Jacques!... Adieu, Léon!... Allons, mon enfant, du courage!... »

Quelques petits pleuraient, les mères aussi. Moi, je faisais bonne contenance; mais, au moment où la cloche ayant cessé de tinter, le père me dit : « Eh bien, Jean-Paul!... » en me tendant les bras, alors mon cœur éclata et je ne pus m'empêcher de sangloter.

Le père, lui, ne disait rien; il me serrait dans ses bras; et seulement au bout d'un instant, s'étant remis, il me dit d'une voix enrouée :

« C'est bien!... je raconterai à ta mère que tu as montré du courage jusqu'à la fin.... Et maintenant, travaille bien, et donne-nous de tes nouvelles le plus souvent possible. »

Il m'embrassa de nouveau et sortit brusquement.

Au même instant, le concierge fermait la grande porte, la clef grinçait dans la serrure : j'étais prisonnier!... Et sans savoir comment je me trouvais dans le rang des petits, nos maîtres d'étude à côté, nous défilions deux à deux en bon ordre, pour aller au réfectoire.

Ce soir-là, j'étais trop affecté pour faire attention à la grande salle du réfectoire : à ses hautes fenêtres ouvertes sur la cour du jardin, à sa chaire en vieux chêne, aux deux vieux tableaux tellement couverts de crasse

qu'on n'y distinguait pour ainsi dire plus rien, aux longues tables où nous étions divisés par sections. Je ne vis pas même au fond la table de M. le principal, où les professeurs et les maîtres d'étude mangeaient des mets plus délicats et buvaient de meilleur vin que nous; ni l'antique guichet, par lequel M. Canard et son confrère Miston recevaient les plats que leur présentait Mlle Thérèse, la cuisinière.

Ma pensée était ailleurs.

« Allons, mange donc, petit, me disait notre chef de plat, un ancien déjà tout barbu, le gros Barabino, du Harberg; il faut manger et boire, ça chasse le chagrin. »

Les autres riaient, mais Barabino les reprenait, disant :

« Laissez-le tranquille!... Plus tard, je vous en préviens, ce petit-là sera des bons.... Il est triste maintenant; ça peut arriver à tout le monde d'être triste, surtout quand on quitte les bons dîners de la maison, pour entrer au collège de Sâarstadt; ce n'est pas consolant d'avoir des haricots, des pois et des lentilles, des lentilles, des haricots et des pois sur la planche pour un an, avec de la friture sans beurre, de la salade sans huile et du vin aigre, enfin ce que M. le principal appelle dans ses prospectus « une nourriture saine, abondante et variée!... » Non, ce n'est pas gai du tout, on pourrait se chagriner à moins. »

Ainsi parlait le gros Barabino, et les autres ne riaient plus.

Après le souper, en me promenant dans le grand corridor, où les camarades se racontaient joyeusement leurs vacances, j'aurais voulu fondre en larmes.

Enfin la nuit étant venue, la cloche se remit à tinter, et l'on se rassembla pour monter au dortoir. Tous ces pas grimpant quatre à quatre les vieux escaliers du cloître produisaient un bruit de tonnerre.

En haut, je reconnus mon lit à ma petite malle qui se trouvait à côté; et, m'étant déshabillé, je me glissai dans l'étroite couchette, sans oublier de faire ma prière. La lanterne brillait au pilier du milieu; M. Wolframm, le maître d'étude, faisait lentement son tour dans la salle, attendant que tous les élèves fussent couchés; puis il éteignit la lampe et alla se reposer dans sa petite chambre, au coin du dortoir.

M. Rufin, sur le coup de dix heures, au moment où les trompettes sonnaient le couvre-feu à la caserne de cavalerie, passa comme une ombre. La lune brillait par les vitres, calme et silencieuse. Mon voisin dormait profondément, et je m'assoupis à mon tour.

II

La pâle lumière du matin éclairait à peine l'enfilade des fenêtres entre lesquelles nous étions couchés, et Dieu sait avec quel bonheur nous dormions, quand la maudite cloche se mit à tinter.

Oh! misère, il était cinq heures, il fallait déjà se lever.

Je n'ai jamais eu d'ennui pareil, et depuis trente-sept ans je crois toujours entendre cette cloche du père Van den Berg; ses sons clairs, aigres me reviennent. Je vois les camarades qui se réveillent, qui se frottent les yeux, qui bâillent, et puis lentement, lentement, s'asseyent sur leur lit, tirent la boîte à cirage et les brosses de la table de nuit et se mettent à cirer leurs souliers; je nous vois tous ensuite réunis au lavoir, en train de nous barboter la figure dans le grand lavabo de zinc, et puis descendre à la salle d'étude, où M. Wolframm passe l'inspection des mains et des chaussures avant de dire la prière.

Cette vieille salle, mal pavée, avec ses tables déchiquetées par dix générations d'élèves, ses pupitres, son maître d'étude dans sa chaire, sous le quinquet fumeux, les plumes qui grincent, les vieux dictionnaires qu'on feuillette du pouce, les thèmes, les versions que l'on bâcle, tout est là.... J'en frémis, oui, j'en ai la chair de poule!

Et dire qu'il se trouve des êtres assez dépourvus de bon sens pour soutenir que c'est le plus beau temps de la vie!

Au bout de deux heures de cet ennui mortel, voilà que la cloche recommence; les pupitres se referment avec vacarme, on court au réfectoire, où Canard et Miston vous distribuent de gros morceaux de pain pour déjeuner. Ceux qui sont de bonne famille, que M. Canard connaît, ont tous leurs croûtons; les autres, pauvres diables dont les parents n'ont glissé qu'une petite pièce de quarante sous à M. Canard, auront la mie toute l'année. Et les fils de famille recevront en outre, de la maison, des jambons, des cervelas, des pots de confiture et de compote, dont ils n'offriront jamais rien à leurs camarades.

Ça, c'est la première leçon et la meilleure du collége; ce n'est pas du grec ni du latin, c'est du bon français : Pour mériter la considération de M. Canard et des camarades, il faut être riche. C'est là que se révèle le sens du positif; c'est là que les goinfres commencent à se croire supérieurs aux autres, qui ne reçoivent rien de chez eux, car naturellement ceux qui se nourrissent de bonnes choses sont d'une essence supérieure!... Et c'est aussi là que le pauvre diable commence à se recueillir en lui-même, à réfléchir sur ce qui se passe, à s'indigner en silence.

Oui, c'est le commencement de tout le reste, le point de départ de l'amour et de la concorde qui règnent entre nous.

Les caractères bas se montrent dès ces premiers temps. Ceux-là, pauvres de chez eux, n'en aiment pas moins le jambon et les confitures; ils tournent autour des riches, ils leur sourient, ils se font leurs complaisants; et les autres, quelquefois, étant bien repus, leur laissent nettoyer le fond d'un petit pot, ou grignoter le bout d'un cervelas. Ainsi s'établit l'alliance du gros bourgeois et du futur homme d'affaires.

L'enfant voit tout, il devine tout; je comprenais ma position, n'étant pas riche, et j'étais résolu à ne pas me laisser abattre ni dominer.

Nous étions quinze en classe, des Allemands et des Français; des grands et de tout petits; des garçons sachant depuis longtemps quelle carrière ils voulaient embrasser, et d'autres qui ne savaient pas même ce que c'est qu'une carrière.

Je les ai tous les quinze sous les yeux, assis à leur place, au fond de notre petite chambre, blanchie à la chaux. D'abord le grand Zillinger, fils d'un garde général bavarois, avec ses manches courtes, sa figure longue, son front carré, ses mâchoires serrées; il est venu pour apprendre le latin, il ne veut pas manger l'argent de son père, et se plaindra bientôt de ne pas recevoir sa ration de latin régulièrement, à cause des petits qui retardent la classe; on ne doit s'occuper que de lui, son père a payé d'avance! Ensuite le gros Steinbrenner, fils d'un brasseur de Landau, qui veut aussi son compte, et, n'étant encore qu'en sixième, calcule déjà ce que lui coûteront les droits d'examen, lorsqu'il sera reçu bachelier. Puis les deux frères Bloum, les fils d'un papetier du Palatinat, qui vont consommer du latin en conscience, mais sans vouloir s'en donner une indigestion, attendu que c'est du luxe pour eux, et qu'ils se destinent au commerce. Le grand Geoffroy, de Sarrebourg, n'en veut prendre qu'à son aise; les Poitevin les et les Vaugiro en ont assez dès la première séance.... Les externes, les fils des vieux soldats retraités et des petits bourgeois de la ville essayeront d'abord de tout enlever à la baïonnette, ils seront à l'avant-garde le premier mois; mais ensuite, comme les grands Allemands avanceront toujours en bon ordre, et que M. Gradus n'aura d'encouragements que pour les riches, gare au deuxième semestre; les pauvres externes se décourageront, ils ne travailleront plus que tout juste pour éviter les pensums.

Oh! braves camarades : Moreau, Desplanches, Engelhard, Chassard, comme je vous vois là, calmes, impassibles sous le feu roulant des mauvaises plaisanteries du professeur Gradus, qui vous appelle cagnards, malgré vos efforts, et vous relègue au bout de la classe, en établissant même une ligne de démarcation entre vous et les autres. Avec quel air de dédain vous le regardez, pendant qu'il va, vient, le nez en l'air, essuyant les verres de ses lunettes, riant et faisant l'homme d'importance, parce qu'il est bachelier !

Oui, tout cela je le vois, j'y suis !... Et puis j'entends l'éternelle rengaine latine qui recommence.... Il y a de quoi vous endormir encore au bout de trente ans.

Moi, dans mon petit coin, je regardais, et je pensais à ne pas me laisser enterrer par les Allemands; j'avais de l'avance sur eux en commençant, à cause des leçons de M. le curé Hugues; mais ils étaient si grands, si âpres au travail, que chaque jour ils gagnaient du terrain, avalant de la nomenclature, des verbes, des adverbes, du rudiment avec une conscience terrible; leurs parents ne pouvaient pas se plaindre d'eux, ils gagnaient bien leur argent !

Mais quelle triste méthode d'enseignement, quelle sécheresse, quelle aridité !... Au lieu de commencer par des lectures faciles, que le professeur expliquerait lui-même à ses élèves, dont il leur donnerait le sens d'abord et dont il analyserait ensuite les mots et les phrases, forcer des enfants pendant quatre grandes années, avant la rhétorique, à réciter des kyrielles de mots et de règles abstraites, n'y a-t-il pas de quoi stupéfier l'espèce humaine ? Est-ce que, dès le premier jour, un homme raisonnable, après avoir fait réciter les leçons quelques minutes, n'aurait pas dû passer aux devoirs et dire, par exemple :

« Mes amis, je viens de regarder vos versions; elles sont bien mauvaises, parce que vous ne savez pas vous y prendre; vous traduisez un mot après l'autre; et cela ne peut pas réussir. Pour faire une bonne version, il faut d'abord voir celui qui parle; un soldat, un paysan, un savant parlent tout autrement

sur le même sujet, parce qu'ils ont d'autres idées; et, quand on se rend compte de la personne qui parle, on prévoit ce qu'elle va dire.

« Ensuite, il faut tâcher de découvrir le sujet, *la question dont il s'agit*, parce que celui qui ne s'inquiète pas de la question traduit au hasard et risque de faire des contre-sens énormes.

« Eh bien ! ces deux choses ne se découvrent pas dans la première phrase ni dans la seconde; elles se découvrent dans toute la page. Il faut donc commencer par lire le latin d'un bout à l'autre, en cherchant au dictionnaire les mots qu'on ne connaît pas encore; et puis, seulement après avoir saisi de son mieux le sens général de la version, on commence à traduire chaque phrase séparément, et ces phrases doivent se rapporter à l'ensemble. »

Il me semble qu'un véritable professeur aurait dû parler de la sorte à des enfants, et que cette méthode de s'attacher au sens général, plutôt qu'à chaque mot en particulier, aurait été plus simple et même plus scientifique. Mais, hélas ! voici un spécimen des règles que M. Gradus nous donnait pour traduire le latin :

« Cherchez le sujet, le verbe et l'attribut, et puis faites votre construction. Le sujet répond à la question *qu'est-ce qui?* Le régime direct répond à la question *qui* ou *quoi?* Le sujet est au nominatif, le régime direct à l'accusatif. Les verbes actifs et les verbes déponents ont des régimes directs; les verbes passifs n'en ont pas. »

Est-ce qu'un enfant peut comprendre cela ? « Le sujet est au nominatif et le régime direct à l'accusatif ! » Voilà de belles raisons pour développer le jugement de la jeunesse; avec des raisons pareilles, les plus grands imbéciles peuvent se passer de réfléchir et de raisonner ! un *um* à la place d'un *us*, un *is* à la place d'un *ibus* font toute leur science ! Mais pourquoi un *us* plutôt qu'un *um*, un *ibus* plutôt qu'un *is?* Pourquoi? Pourquoi?... C'est ce qu'il faudrait expliquer !

J'en reviens à mon histoire, car à quoi bon raisonner avec des gens qui ne veulent pas entendre? Ne faut-il pas, pour le bon ordre, que nos enfants fassent d'abord leurs sept ou huit ans de prison dans un collége, pour s'y façonner à la servitude du corps et de l'esprit? Qu'est-ce que deviendrait le monde, si ces enfants, devenus des hommes, entraient dans la vie avec le sentiment de la justice et de la liberté? Ce serait l'abomination de la désolation prédite par les prophètes. Ah! Bonaparte savait bien ce qu'il faisait, en rétablissant dans notre Université les méthodes inventées par les jésuites !

Qu'on se figure l'ennui, le dégoût des enfants aux prises avec un enseignement pareil.

Dans cette position désolante, je fis la connaissance d'un camarade, Charles Hoffman, surnommé Goberlot, le fils du plus riche banquier de Saarstadt. Son père, homme très-dévot, l'ayant surpris à lire *Tartuffe,* l'avait fait enfermer au collége, pour le punir de ce grand crime.

Goberlot partageait toutes mes idées, et dès ce temps, au milieu de nos misères, nous commencions à nous inquiéter du bon Dieu, et à nous demander comment il pouvait se faire que, sachant tout d'avance, il nous avait envoyés dans un collége où l'ennui nous portait à maudire tout le monde, et par suite à nous faire damner, chose contraire à sa justice. Oui, voilà ce qui nous étonnait!

Tous les jours de promenade, les jeudis et les dimanches, Goberlot et moi nous avions de longues conversations sur ce chapitre; je lui demandais :

« Pourquoi M. Gradus est-il si bête, et Canard si injuste? Pourquoi M. Laperche, le professeur de quatrième, est-il si grave, puisque tout le monde dit qu'il n'a pas quatre idées dans la tête? Pourquoi M. Perrot, le professeur de rhétorique, doué d'un plus grand savoir, est-il boiteux et fort laid? Pourquoi souffrons-nous de la sottise des autres, nous qui ne pouvons pas résister? Cela me paraît contraire à la justice du bon Dieu. »

Et Goberlot me répondait :

« C'est pour notre salut! Si tous ces êtres n'étaient pas si injustes, nous n'aurions aucun mérite, et nous ne gagnerions jamais le Paradis; le bon Dieu veut nous faire gagner le Paradis.

— Et les professeurs, il ne veut donc pas leur faire gagner le Paradis, Goberlot? Il veut qu'ils aillent en enfer!

— Ah! je ne sais pas.... Peut-être bien, puisqu'il est juste. »

Ces jours-là nous traversions la ville en rang, deux à deux, sous la surveillance du maître d'étude, M. Wolframm, et nous sortions tantôt par la porte des Vosges, tantôt par celle de France ; mais le temps était déjà gris, pluvieux en cette saison de l'année, et les promenades ne pouvaient aller loin, sans s'exposer aux averses d'automne.

A peine sur les glacis, tous les yeux des nouveaux se tournaient vers les cimes lointaines des montagnes.

« Vois-tu là-bas, disait l'un, cette petite chapelle blanche sur une roche, au milieu des sapins? C'est Dâbo; c'est là que nous demeurons. »

Et l'autre :

« Vois-tu l'Altenberg, entre ces deux montagnes? Derrière est Richepierre. »

Oh! que votre cœur galopait en ce moment, et comme on se représentait bien le village, la vieille maison, les bons parents !.. Comme on aurait pleuré, sans la crainte d'exciter le rire des camarades ! Et l'on continuait tristement son chemin jusqu'à la lisière des bois ; plus de verdure, plus d'oiseaux : le silence, les grands arbres levant leurs branches dépouillées à perte de vue, les sentiers couverts de feuilles mortes.

L'hiver, l'hiver approche; les nuages gris se plient et se déplient lentement; quelques gouttes commencent à tomber, il faut retourner en ville. On arrive tout essoufflés sur le seuil de la vieille capucinière ; et le père Van den Berg cherche sa clef, pendant qu'on crie dehors : « Ouvrez! ouvrez!... » en tapant à la porte, et que l'averse commence. Enfin il arrive, il ouvre, et l'on se précipite sous la voûte, trempés comme des canards. Voilà nos promenades d'automne.

Et puis, au bout de six semaines, l'hiver est là. Dans une seule nuit, tout est devenu blanc: les toits, les cours, les maisons, les remparts, la montagne et la plaine, aussi loin que peut s'étendre la vue.

Dieu du ciel, quelle existence ! La neige qui tombe, et tombe toujours, le vent qui souffle, les girouettes qui crient, les grands corridors humides et pleins de boue!... Ah ! quelle différence avec les bons hivers de la maison, au coin du feu, — le bonnet sur les oreilles, les pieds bien secs, — où la bonne mère vous disait :

« Ne sors pas, Jean-Paul, tu pourrais attraper un rhume, tu pourrais avoir des engelures ! »

Ah ! Canard, Miston et le père Dominique se moquaient bien de nos engelures ; ils se moquaient bien du fils d'un petit notaire de village, qui ne donne que quarante sous aux domestiques !

C'est là qu'on prenait des leçons de philosophie pratique et de physique expérimentale. Pas de feu dans le dortoir; les grandes fenêtres, couvertes de givre depuis novembre jusqu'à la fin de février, laissent passer la bise ; impossible de s'endormir à cause du froid; on se recoquille dans la petite couchette, la couverture sur la tête, les pieds dans les mains; enfin, à force de sommeil, et le lit s'étant un peu réchauffé, on s'endort.

Mais la cloche du père Van den Berg vous réveille. Oh! misère, misère!... Je ne crois pas qu'il y ait rien de pire pour un enfant qui dort si bien, que d'être réveillé avant le jour, dans une salle immense où tout gèle, où passent des courants d'air glacé, et d'être forcé de s'habiller, de cirer ses souliers, de casser la glace du lavabo pour se laver; et tout grelottant, mal essuyé, à cause de l'onglée et des engelures qui vous gercent les mains, de descendre ces grands escaliers froids, espérant au moins pouvoir se réchauffer à la salle d'étude, et de trouver là les grands, déjà barbus, qui forment cercle autour du poêle, se serrant, riant entre eux, et dont pas un n'a le bon cœur de vous faire place et de vous dire: « Avance, petit, sèche-toi, chauffe-toi! »

Non, pas un seul. Pauvre nature humaine, que tu es loin de la perfection, et qu'on a besoin de te bonifier! Malheureusement personne ne s'occupe de cela dans nos colléges; le grec et le latin prennent tout le temps des professeurs. Un petit cours de morale et d'humanité trouverait pourtant bien là sa place; mais la grande affaire est de bâcler des bacheliers, qui deviendront ensuite ce qu'ils pourront.

Enfin, quand le maître d'étude était arrivé, quand il était installé dans sa chaire, et qu'il bâillait lui-même comme un malheureux, était-il possible qu'un enfant eût l'envie d'étudier, alors qu'il dormait les yeux ouverts?

Non, je l'ai moi-même éprouvé bien des fois, la bonne volonté ne suffit pas, il faut encore le pouvoir. Les enfants ont besoin de dormir plus que les grandes personnes; qu'on fasse lever les grands, soit, mais qu'on donne aux petits au moins une heure de sommeil en plus; c'est le bon sens qui l'indique.

« Vous ne savez pas votre leçon, monsieur Nablot, vous avez dormi à l'étude; vous serez privé de sortie jeudi prochain, et vous copierez vingt fois le verbe *dormir!* »

Pourquoi pas cent fois, imbécile? Dire à un enfant, parce qu'il ne sait pas sa leçon: « Tu recommenceras vingt fois la même corvée, comme un cheval aveugle qui tourne sa meule! » n'est-ce pas vouloir l'abrutir à toute force? Je le demande aux gens raisonnables.

Voilà pourtant les punitions qu'on infligeait de mon temps au collège.

Après cela, les jeudis et les dimanches matin, nous avions, sous forme de récréation, l'explication des mystères de notre sainte religion catholique, apostolique et romaine.

En sortant de l'instruction religieuse, on avait la permission de courir dans les corridors; puis au bout d'une heure on dînait. Un des grands, dans la chaire du réfectoire, nous lisait à haute voix les voyages des pères Jésuites en Chine, ou d'autres histoires semblables, qu'il fallait écouter avec recueillement, car, le repas fini, M. le Principal interrogeait toujours quelques élèves sur ce qu'on venait de lire, et, faute de pouvoir répondre, vous étiez privé de vin au dîner suivant.

Il est possible que je me trompe; mais, en réfléchissant depuis à ces lectures, j'ai toujours pensé qu'on les avait établies pour empêcher les élèves de faire attention à la mauvaise nourriture et à l'eau rougie qu'on nous servait au collège. Oui, cela me semble le plus clair du profit qu'on pouvait en tirer.

Pendant les grands froids, M. Rufin, après avoir soupé, faisait venir dans sa chambre bien chaude quelques-uns des petits: les Poitevin, les Vaugiro, les Henriot, tous fils de gens bien posés et recommandés particulièrement. Mais mon pauvre ami Goberlot et moi nous restions dans le corridor; on ne nous invitait pas, et pourtant nous étions aussi jeunes et nous avions aussi froid que les autres.

Enfin, nous n'en sommes pas morts tout de même; au contraire, après les cinq ou six premières grandes gelées, ayant supporté la chose en battant de la semelle et soufflant dans nos mains courageusement, nous étions devenus tout rouges et hardis; et quand il y avait bataille de pelotes de neige avec les externes, c'est nous qu'ils craignaient le plus, car nous seuls, lorsqu'ils fonçaient sur les internes, nous soutenions la charge, en criant aux autres qui se sauvaient:

« En avant!... en avant! »

A la maison, malgré tous les bons soins de ma mère, j'avais toujours eu des rhumes; mais, depuis cet hiver, je n'ai plus su ce que c'était qu'un rhume; encore aujourd'hui, quand je tousse pour essayer mon creux, les vitres en tremblent.

« Hum!... hum!... Ça va bien.... ça va très-bien!... »

Tout est affaire d'habitude. La seule chose à laquelle je n'ai jamais pu m'habituer, c'est l'injustice.

Les mois de janvier, février et mars se passèrent ainsi. Les conjugaisons, les déclinaisons, les règles du rudiment allaient leur train en classe, les non-sens et les contre-sens

De viris illustribus urbis Romae.

Faisant l'homme d'importance, parce qu'il est bachelier. (p. 45).

aussi dans les versions, agréablement entre-
mêlés de barbarismes et de solécismes dans
les thèmes.

Et les beaux jours revenaient! La neige
fondait; de tous les côtès, pendant les longues heures d'étude, nous entendions les tas
de neige glisser et tomber du haut des toits
dans la cour, comme des coups de tonnerre.
On balayait la neige fondante en grands tas
boueux, le long des murs; le froid se dissipait,
le soleil, le beau soleil pénétrait dans tous les
recoins, et l'on sentait cette bonne chaleur
éloigner tout doucement l'humidité du dortoir.

On voyait d'en haut les arbres du rempart,
les grands tilleuls se couvrir de verdure tendre, où bientôt allaient bourdonner les hannetons; et les moineaux, aussi piteux que
nous en hiver et voltigeant jusqu'à nos pieds
dans la neige, pour saisir une mie de pain,
les pauvres moineaux se remettaient à crier,
à s'agacer, à se poursuivre.

Enfin, c'était le printemps; tout le monde,
Canard lui-même, vous paraissait moins laid;
on se regardait comme attendris; et les vacances de Pâques approchaient!

On composait deux fois par semaine. Les
grands Allemands étaient les plus forts; ils
voulaient enjamber la classe et passer tout de
suite en cinquième; ils en avaient le droit,
ayant toujours bien travaillé!

Après eux j'étais le premier, à cause de ma
bonne mémoire; même ce que je ne comprenais pas, faute d'explications, je le retenais, et

Ah! ah! ah!
Valete studia ! (p. 49).

malgré tout je passais avant les Poitevin, les Henriot et les Vaugiro.

Mon ami Goberlot et moi, nous avions d'heureuses dispositions, c'est M. Gradus qui le disait; mais nous étions indisciplinés, incorrigibles, ennemis de la société, amoureux de la solitude, raisonneurs, querelleurs, batailleurs et récalcitrants.

Voilà nos notes.

Nous avions en plus de pensums et de salle d'arrêt à nous deux, que toute la classe ensemble. Que voulez-vous? chacun a sa manière de voir! Si l'on nous avait demandé nos notes sur M. Gradus, elles n'auraient pas été fameuses non plus, et peut-être aurions-nous eu de meilleures raisons que lui pour motiver notre jugement.

Enfin de jour en jour les vacances approchaient; et maintenant que j'y pense, il me semble entendre quatre ou cinq de nos anciens, le grand Léman d'Abrecheville, Barabino, du Harberg, et Limon, le fils du brasseur, qui chantent, en se promenant bras dessus bras dessous, dans les corridors, le chant des vacances, qu'ils avaient appris de leurs anciens, et qui passait de génération en génération au collège de Sâarstadt. Je le fredonne moi-même, et j'en ai les larmes aux yeux :

Ah! ah! ah!
Valete studia!
Omnia jam tœdia
Vertantur in gaudia?
I! I! I!
Vale, magister mi....

7

Oui, oui, si le temps du collége paraît à quelques-uns le plus beau de la vie, c'est sans doute qu'ils ne se souviennent que de l'approche des vacances.

Faisons comme eux, pour un instant.

L'hiver est passé, les compositions sont finies ; nous sommes au commencement d'avril, après la fête des Rameaux, au temps de Pâques. De tous les côtés les parents viennent nous chercher ; un grand nombre d'élèves sont déjà partis. Mon père m'a écrit la veille qu'il arrivera me prendre, et je suis à l'étude du matin. De temps en temps la porte s'ouvre ; on appelle tantôt l'un, tantôt l'autre des camarades, qui se lève tout pâle, ferme son pupitre et sort ; les parents sont là, qui l'attendent dans la cour.

Chaque fois que la porte s'ouvre, mon cœur bat : — C'est moi qu'on va nommer ! — Non, c'est un autre.

Tout à coup le nom de Jean-Paul Nablot retentit ; je me lève, je saute par-dessus la table, je sors en trébuchant, et mon père me reçoit dans ses bras.

Je pleure, et lui s'essuie les yeux.

« Eh bien, Jean-Paul, j'arrive de chez le principal ; tes compositions sont bonnes, tu as de la mémoire, mais tu ne travailles pas assez. Tu aimes la solitude, tu raisonnes.... Tu veux donc me donner du chagrin ? »

Et les sanglots redoublent.

« Allons.... allons..., dit-il, tu travailleras mieux après les vacances.... Viens.... ne parlons plus de ça. »

Nous sortons.

Le père Van den Berg regarde ; il nous laisse passer.... Dieu du ciel ! je suis dehors !.... Tout est oublié.... Le vieux char à bancs est là devant la porte ; nous sommes dessus, et nous voilà roulant au grand trot sur le pavé jusqu'à la porte des Vosges. Bientôt Grisette galope dans le chemin sablonneux qui mène à Richepierre. Je suis redevenu gai.

Mon père, voyant mes joues rouges, mes yeux brillants, ne s'inquiète plus de mon amour pour la solitude ; il pense sans doute :

« Le principal se trompe. Que le garçon aime la solitude ou non, cela ne lui fait ni chaud ni froid. »

Au bout d'une heure, nous avons traversé Hessé, et tout en galopant dans le bois de Barville, sous la voûte des hêtres, des chênes et des bouleaux, déjà tout couverts de bourgeons, je lui raconte les mille injustices qu'on m'a faites ; car dans mon idée les maîtres d'étude et les professeurs m'en veulent.

Le bon père m'écoute ; il a bien des choses à redire sur tout cela ; dans le fond, l'excellent homme voit la situation ; il ne me donne pas tout à fait tort, et après m'avoir longtemps écouté, non sans une sorte d'attendrissement, il me répond :

« Tout cela, mon enfant, c'est possible, je te crois ! Mais nous ne sommes pas riches, nous faisons de grands sacrifices pour toi, tâche d'en profiter et ne t'inquiète pas des injustices ; l'essentiel est de ne pas en commettre soi-même, de remplir ses devoirs et de s'élever par son courage, sa persévérance et son travail. Aujourd'hui seulement, tu commences à voir les difficultés de la vie ; tout ceci n'est rien, c'est une petite expérience. Plus tard, lorsqu'il s'agira de te créer une position, au milieu de ces millions d'êtres qui tous serreront les rangs et voudront t'empêcher d'entrer, c'est alors que les véritables obstacles se présenteront. Ainsi, calme-toi, ne t'indigne pas inutilement. Tu te portes bien, la première épreuve est passée, cela suffit provisoirement. Ton premier but doit être de te faire recevoir bachelier, car ce titre est exigé pour entrer dans n'importe quelle carrière ; ne pense qu'à cela, et travaille en conséquence. »

Ainsi me parlait ce brave homme, et je comprenais qu'il avait raison ; j'étais résolu à suivre ses bons conseils, pour lui faire plaisir d'abord, ainsi qu'à ma mère, et puis pour ennuyer ceux qui cherchaient à me mettre des bâtons dans les roues.

Deux heures après notre départ de Saarstadt, nous étions arrivés au pied de la côte rocheuse qui monte à Richepierre ; la voiture se ralentissait, le cheval soufflait. « Hue ! » criait mon père. Moi, pensif, je revoyais enfin le vieux village, tout ému de mes souvenirs d'enfance et du bonheur d'embrasser bientôt ceux que j'aimais.

Enfin la première maison en haut de la côte paraît ; le cheval se remet à trotter, et nous descendons la grande rue bordée de granges, de fumiers et de hangars.

La mère nous attendait sous le vestibule ; les frères et sœurs regardaient :

« Hé !... le voilà.... voilà Jean-Paul ! »

Et tous les voisins, les voisines se penchaient aux fenêtres.

Avant que la voiture fût arrêtée, j'étais à terre, et j'embrassais la bonne mère avec enthousiasme ; elle ne pouvait retenir ses larmes. Les frères et sœurs, pendus à mon cou, poussaient de grands cris ; et c'est ainsi que nous entrâmes pêle-mêle dans la grande chambre, où nous attendait le dîner.

Qu'est-ce que je peux vous dire encore ? Ces

quinze jours de vacances passèrent comme une minute.

Tous les anciens camarades d'école venaient me voir. Gourdier et Dabsec, en passant matin et soir, les pieds nus, la poitrine débraillée, leur fagot sur l'épaule, s'arrêtaient, relevant d'un mouvement de tête leurs grands cheveux pendant sur la figure, et me regardaient en silence.

« Bonjour , Gourdier , » dis-je un jour à celui que M. Magnus proclamait autrefois le meilleur de ses élèves.

Un éclair passa dans ses yeux bruns.

« Bonjour, » dit-il brusquement, en reprenant sa charge, le manche de la hachette au-dessous et grimpant au fort.

J'étais devenu moins fier, mais lui n'oubliait pas que je l'avais appelé mendiant; il ne me pardonnait pas.

Peut-être pensait-il qu'avec un peu d'argent il aurait aussi pu continuer ses études, et se révoltait-il en lui-même d'être arrêté. Je n'en sais rien ; cela se peut, car il avait de l'ambition à l'école, et n'ayant pas d'huile dans la lampe à la maison pour étudier ses leçons, il tenait son livre à la bouche du fourneau, la tête entre les genoux pour lire; quand il venait le matin à l'école, ses yeux étaient tout rouges. Je crois donc qu'il m'en voulait d'avoir plus de bonheur que lui et de pouvoir étudier à mon aise.

M. le curé vint aussi dîner une ou deux fois à la maison pendant ces vacances; il me posa des questions et parut satisfait, surtout de mes progrès en histoire sainte.

Puis il fallut repartir et rentrer en classe chez M. Gradus ; ce fut une grande tristesse.

III

La plus grande plaie des petits collèges en ce temps, c'était le trafic des livres auquel se livraient les principaux.

Ces industriels ne se contentaient pas des bénéfices qu'ils faisaient sur la pension des élèves ; ils recevaient tous les ans et quelquefois tous les six mois d'énormes paquets de grammaires françaises, grecques et latines, de dictionnaires, d'histoires saintes ou romaines d'un nouveau modèle , que les professeurs adoptaient aussitôt, pour procurer à leur supérieur l'écoulement de sa marchandise.

Les anciennes grammaires, les anciennes arithmétiques, les anciens rudiments étaient mis au panier; après Lhomond, on prenait

Noël et Chapsal; après Noël et Chapsal, on prenait Burnouf; ainsi de suite.

Il arriva de la sorte que pour faire gagner quatre sous au principal, une foule d'élèves ne surent jamais leur grammaire, ni leur rudiment, même au bout de cinq ou six années d'études, parce qu'on leur en avait fait étudier d'autres tous les ans.

Je ne crois pas que, dans n'importe quel commerce, l'avidité du lucre se soit montrée plus éhontée; sous prétexte de perfectionner les méthodes d'enseignement, les élèves n'apprenaient jamais rien à fond.

C'est ce qui nous arriva dès cette année; avant Pâques, nous avions eu le rudiment de Lhomond , sa grammaire et son catéchisme historique; M. Gradus nous fit prendre à la rentrée ceux d'un monsieur qui raffinait sur Lhomond; il fallut apprendre par cœur — toujours par cœur ! — de nouvelles règles, de nouveaux exemples, de nouveaux temps primitifs, et cætera, et cætera. Ceux qui croyaient savoir quelque chose, parce qu'ils s'étaient fourré des mots dans la tête, ne savaient plus rien ; il fallait recommencer la même chose avec d'autres mots, arrangés d'une autre manière; et pour ma part, je l'avoue, ces deux grammaires n'ont pas cessé de se faire la guerre dans ma cervelle jusqu'à la fin de mes classes; je n'ai jamais su à laquelle m'en rapporter. Mais le principal avait gagné deux ou trois francs sur chaque élève, les parents en avaient dépensé quinze ou vingt, l'affaire était dans le sac.

Les grands Allemands ayant enjambé la classe de M. Gradus, après Pâques, une nouvelle fournée d'internes et d'externes, les plus forts de la septième, vinrent les remplacer : Masse, Marchal, les frères Martin, Baudouin, Moll, etc.

Cette fois, nous étions tous à peu près du même âge, chose fort heureuse, car l'intelligence d'un garçon de quinze ans n'est pas celle d'un enfant de dix à douze ans ; le professeur qui parle à l'un ne peut se faire entendre de l'autre ; les petits sont toujours sacrifiés.

Ce qui me revient de ce temps, c'est une chose qui m'intrigua beaucoup les premiers jours. Nos fenêtres, en été, restaient ouvertes, à cause de la chaleur accablante qui régnait entre les murs du vieux cloître, et tout en récitant nos conjugaisons, nos fables de Lafontaine, nous entendions une grande voix s'élever d'instant en instant et pousser un cri mélancolique, avec des intonations bizarres :

« Καὶ... ϊ... ϊ... ϊ?... Καὶ... ϊ... ϊ... ϊ?... Καὶ... ϊ... ϊ... ϊ?... »

De deux à quatre heures, nous l'entendions retentir au moins cent fois, et je me disais :

« Mon Dieu ! qu'est-ce que cela peut être ? Quelle espèce d'oiseau pousse ce cri ? »

Eh bien, c'était du grec ! C'était le cri de M. Laperche, professeur de quatrième, enseignant à ses élèves, dans la petite salle voisine, le grec qu'il ne savait pas. J'ai vu cela plus tard, après être entré dans sa classe. Il se promenait gravement, sur ses jambes de héron, mesurant en quelque sorte chacun de ses pas, et suivant, dans une traduction interlinéaire, la leçon de l'élève qui récitait; et, quand l'élève s'arrêtait embarrassé par un mot, M. Laperche, pour toute explication, d'un ton grave et la bouche ouverte jusqu'aux oreilles, poussait son cri : « Καὶ... ι... ι?... Καὶ... ι... ι... ι?... » qui signifie en grec : « Et?... et?...» Cela soit dit pour les dames qui ne savent pas le grec.

Ce cri solitaire, dans cette grande cour où la chaleur de juin tombait en nappes d'or au milieu des ombres, ce cri mélancolique, prolongé, monotone, vous faisait dormir à la longue. Tous mes pauvres camarades et moi, penchés sur la vieille table, nous nous regardions d'un œil vague, les paupières à demi closes, en nous donnant toutes les peines du monde pour résister à notre accablement. Et, tandis que l'un de nous récitait sa page de nomenclature ; tandis que M. Gradus, assis, les jambes croisées, bâillait dans sa main, ou bien essuyait les verres de ses lunettes, en rêvant à quelque soirée en ville, à quelque bonne partie de campagne, sans s'inquiéter plus de la nomenclature que du Grand Turc, nous tous, à force d'entendre ce cri : « Καὶ... ι... ι... Καὶ... ι... ι?... » qui revenait aussi régulièrement que la goutte d'eau du père Bridaine, pour marquer l'Éternité, nous sentions notre tête se pencher, se pencher tout doucement, jusqu'à ce que notre nez fût sur le livre. Alors nous étions heureux... oui, bien heureux... Nous dormions!...

Mais cela ne durait pas longtemps. Au bout de quelques minutes, la voix aigre de M. Gradus, cent fois plus terrible que la trompette du jugement dernier, se mettait à crier : « Monsieur Scheffler... monsieur Nablot... vous me copierez dix fois le verbe *dormir*. Levez-vous... récitez votre leçon ! »

Et l'on se levait; on commençait à réciter : « *Agricola*, laboureur; *asinus*, âne... » etc.

Toute cette nomenclature, je l'ai pour ainsi dire encore devant les yeux, avec ses taches d'encre et de graisse. Elle ne m'a jamais servi

à grand'chose, mais elle m'a terriblement ennuyé à cette époque.

Et quand je pense que l'année suivante il fallut recommencer le même métier chez un autre professeur ! C'est pourtant épouvantable de tuer le temps des élèves d'une façon aussi ridicule, et de leur faire prendre en grippe, pour toute la vie, ce qu'on est chargé de leur enseigner.

Combien de choses utiles on aurait pu nous apprendre à la place de tous ces mots creux, combien de bons principes on aurait pu nous donner, par l'étude *raisonnée* des langues mortes ou vivantes !

Car tout cela n'était pas sérieux, c'était de la routine pure. On parlait de développer notre mémoire, mais la mémoire a bien autre chose à faire que de retenir des mots, des conjugaisons, des règles abstraites ; les règles ne font pas la langue, pas plus que la rhétorique ne fait l'éloquence, et que la philosophie des écoles ne fait le bon sens ; les mots ne sont que des mots, ils ne remplacent rien, les idées moins que le reste.

Avec tous ces mots, ces règles, ces exercices de mémoire, nous serions devenus stupides, sans les promenades du jeudi et du dimanche, réellement très-agréables aux environs de Saarstadt.

Quel bonheur de respirer le grand air !

Nous allions vers la Scierie, la bonne Fontaine, ou les Baraques, à l'ombre des hêtres ou des sapins.

On s'arrêtait au premier village ; les fils de familles riches, pourvus d'argent, se faisaient servir de la crème, des fraises, du beurre frais, du miel, de bonnes omelettes au lard. On ne leur défendait que le vin, parce que ces jeunes messieurs auraient pu se griser, et que la faute en serait retombée sur le malheureux maître d'étude. Ils ne pouvaient donc boire que de la bière.

Mon ami Goberlot et moi, n'ayant pas le sou, nous allions nous promener au loin, sous bois, courant comme des chevreuils dans les sentiers perdus, et grimpant sur les plus grands arbres de la forêt, au risque de nous casser le cou. Et lorsque, arrivés tout en haut, nous ne voyions plus que l'immensité du ciel au-dessus de nous, et sous nos pieds la mer du feuillage, alors, n'entendant plus aucun bruit, nous commencions nos discussions sur l'Éternel, bien contents de ne plus voir ni M. Gradus, ni M. Wolframm, ni Canard, ni la salle d'étude, enfin heureux comme des oiseaux dans l'air.

Cela durait jusqu'au moment où les autres,

ayant fini de se goberger, se réunissaient au coin du bois, et tous ensemble poussaient un grand cri : « Hé! hohé! » qui se prolongeait dans les échos de la montagne et montait jusqu'à nous.

A cet appel, jetant un dernier regard sur le beau soleil couchant, nous descendions et nous regagnions le village, bien ennuyés de n'avoir pu continuer de nous balancer jusqu'à la nuit noire, au milieu des étoiles.

En nous voyant revenir, tout le collége criait :

« Voilà les déserteurs!... Les voilà!... »

Et le maître d'étude nous condamnait aux arrêts, pour avoir quitté la promenade et retardé le départ; mais cela nous était bien égal, nous avions couru dans les halliers, nous avions respiré le grand air, nos yeux s'étaient plongés par delà les forêts, dans les perspectives bleuâtres de la Lorraine et de l'Alsace, nous avions une provision de bonheur pour plusieurs jours.

A peine rentrés dans notre nid à rats, on nous conduisait en prison, tandis que les autres, qui s'étaient déjà repus pendant la promenade, allaient au réfectoire; Goberlot et moi, qui n'avions rien mangé depuis midi, nous ne recevions que du pain sec.

Franchement, il nous fallait un bon caractère pour ne pas prendre l'espèce humaine en grippe. Mais Goberlot, élevé par un père très-dévot, au milieu d'une société de curés et de jésuites, qui dînaient deux ou trois fois par semaine à la maison, et conduisaient ainsi la famille au paradis, mon ami Goberlot, les yeux plissés et malins, avait appris à voir dès l'enfance les choses au comique.

Moi, le Seigneur Dieu m'avait créé philosophe, et je me contentais de mépriser tous les êtres injustes.

Les choses allèrent de la sorte jusqu'aux compositions de fin d'année. Mes notes ne valaient pas mieux qu'avant Pâques, mais j'étais le premier de la sixième, et je traduisais, et je récitais mieux mes leçons que les autres.

Le désir d'humilier les richards de notre classe, comme Gourdier m'avait humilié moi-même dans le temps, me faisait travailler avec une ardeur extraordinaire. Il m'arriva même quelquefois de me faire priver de sortie le jeudi et le dimanche, pour repasser mes matières pendant que les autres se promenaient.

Après les compositions d'août, qui devaient compter pour deux, il ne me restait que la peau et les os; mais, ayant fait voir aux grands la copie de mes thèmes et de mes versions, tous m'assurèrent que j'emporterais

plusieurs premiers prix. J'y comptais donc, et, dans ma joie, je l'avais même écrit à mon père.

Depuis une quinzaine, les vieux corridors retentissaient encore une fois du chant des vacances, lorsqu'enfin le grand jour de la distribution arriva : les portes s'encombrèrent de parents, d'amis, de conseillers municipaux, d'autorités civiles et militaires en grande tenue; grands tricornes, gilets rouges, bonnets alsaciens, habits noirs, chapeaux ronds, shakos, robes de soie se mirent à défiler sous le vestibule du vieux cloître, montant à la salle de distribution, magnifiquement décorée de guirlandes, sa belle inscription latine sur la grande porte, et son estrade au fond, avec la table chargée de livres et de couronnes.

Nous étions en rangs dans la cour, lorsque mon père accourut me dire tout joyeux que ma mère était venue pour me couronner. Il m'embrassait, et je n'avais pas la force de lui répondre, tant mon émotion était grande.

Quelques instants après, tout le monde étant placé, nous traversions cette foule magnifique, et nous prenions place sur les deux côtés de l'estrade, tandis que la musique du 8e cuirassiers, avec sa grosse caisse, ses fifres, son chapeau chinois, ses trompettes et ses clarinettes, faisait trembler les vitres et jouait une marche triomphale qui nous traversait jusqu'à la moelle des os.

Ensuite de quoi, M. le maire, son écharpe en sautoir, prononça quelques paroles sur l'heureuse réunion; puis M. Wilhelm, professeur de la classe industrielle, lut un discours sur l'origine des connaissances humaines depuis l'invention de la forge par Tubalcaïn, allant des Hébreux aux Phéniciens, aux Grecs, aux Romains, aux barbares Mérovingiens; aux Carlovingiens, un peu moins bornés que les Mérovingiens; aux Arabes, aux Turcs, etc., etc.

Les dames en suaient à grosses gouttes; on aurait bien voulu lui crier : « Halte!... halte!... » mais dans une assemblée pareille cela ne convenait pas; il fallut attendre qu'il s'arrêtât de lui-même; et cela durait déjà depuis au moins une heure, quand on le vit enfin tourner son dernier feuillet, ce qui fit pousser à toute la salle un long soupir de soulagement. Mais il n'avait pas encore fini, et dit avec finesse qu'il n'entamerait pas le chapitre des découvertes modernes, pour ménager la modestie de ses contemporains et particulièrement celle de S. M. Louis-Philippe. Il lui fallut encore un bon quart d'heure pour expliquer cela, de sorte que la désolation vous gagnait de nouveau, quand à la fin des fins il s'assit en faisant un grand salut, au milieu des applaudissements de toute l'assemblée.

Aussitôt après, M. Laperche se mit à proclamer les noms des vainqueurs, en commençant bien entendu par les philosophes. C'était sa spécialité et son triomphe. M. Laperche jouissait d'une haute taille, qui permettait de le voir de loin, et d'une voix onctueuse et retentissante, quoique un peu nasillarde, qu'il exerçait tous les jours avec son grec.

Je bouillonnais à l'appel de tous ces noms; le feu de l'espérance me sortait par les joues. Tous les camarades, du reste, étaient dans le même état; nous ne pouvions attendre notre tour; mais comme, entre chaque proclamation, pendant que le vainqueur descendait dans la salle se faire couronner par ses parents, l'orchestre jouait un petit air, cela prenait du temps, et, sur les trois heures seulement, le tour de notre classe arriva.

J'avais déjà distingué mon père et ma mère, assis l'un à côté de l'autre, au milieu de la foule brillante qui nous regardait, lorsque M. Laperche se mit à proclamer les prix de la sixième, et qu'au lieu de mon nom, comme je m'y attendais, j'entendis ceux de MM. Poitevin, Henriot et Vaugiro, tous protégés de M. Gradus. Moi, je n'avais que des accessits!

J'en étais devenu pâle comme un mort.

A la fin, cependant, pour le prix de mémoire, qu'on ne pouvait pas me refuser, — parce que j'avais toujours le mieux su mes leçons, — pour le prix de mémoire, je fus nommé le premier.

Je me ranimai d'un coup, et je courus, ivre de bonheur, me faire couronner par mon père et ma mère, qui m'embrassèrent tous deux en pleurant. Puis, je revins; et, quelques minutes après, la distribution des prix étant terminée, la foule s'écoula lentement, roulant sur l'escalier de bois avec un grand bruit sourd.

Je descendis; la réflexion m'était revenue, je frémissais en moi-même. Sous la porte, dans le vestibule, je trouvai mon père seul; il m'avait attendu, et m'embrassa de nouveau avec effusion, en me disant : —

« Je suis content de toi, Jean-Paul, très-content; tu m'as donné toute la satisfaction que je pouvais espérer... Arrive!... ta mère nous attend à l'Abondance, les effets sont déjà sur la voiture ; nous allons partir tout de suite. »

Je le suivis tout pensif. Vers dix heures, nous entrions à Richepierre; pendant toute la route, malgré la satisfaction de mes parents,

je n'avais pas dit un mot; l'injustice qu'on venait de me faire me stupéfiait, je ne pouvais pas y croire, cela me paraissait quelque chose d'horrible !

IV

Je vous ai raconté ma première année de collége. Les quatre années suivantes ressemblèrent à celle-là d'une façon déplorable ; après M. Gradus, vint M. Laurent; après M. Laurent, M. Laperche ; après M. Laperche, M. Damiens ; après M. Damiens, M. Fischer. Après le *de Viris illustribus Romæ*, le *Cornelius Nepos*, le *Selectæ è profanis*, le *Virgilii Eclogæ*, le *de Senectute*, les *Géorgiques*, les *Odes* d'Horace, *Mæcenas atavis*, etc.; sans parler de la *Chrestomathie* grecque, des *Fables* d'Esope, de la *Cyropédie* de Xénophon, du premier livre de l'*Iliade;* du rudiment, du rudiment, du rudiment; des temps primitifs et des temps primitifs; de la grammaire et de la grammaire ; des règles et des règles ; le tout sans explications ! — Et puis de la physique sans instruments, de la chimie sans laboratoire, de l'histoire naturelle sans collections, de l'histoire sans critique ; enfin des mots, des mots, toujours des mots !

Faut-il s'étonner que tant de gens n'aient que des mots dans la tête? On ne nous apprend que cela dix ans de suite. C'est la mémoire mise à la place du raisonnement; c'est la formule, la règle sacro-sainte, posée sur l'intelligence, comme une cage sur un oiseau.

Bienheureux quand, dans un de nos pauvres colléges municipaux, se rencontre un professeur qui ramène les esprits au sens du vrai, et s'efforce de faire comprendre à ses élèves que la beauté d'une œuvre littéraire ne résulte pas de l'arrangement des mots, mais de la justesse des pensées, de la profondeur des sentiments et de la vérité des observations; cet homme, avec des sujets médiocres, fait des élèves remarquables, en vertu du proverbe que dans le royaume des aveugles les borgnes sont rois.

J'avais commencé mes études jeune, plein d'ardeur et d'illusions, et, cinq ans après, le rudiment m'avait abruti; l'encombrement des mots de chimie, de géographie, de physique, de latin, de grec, de mythologie, de noms propres, de dates, de règles, et même d'allemand, que nous enseignait aussi M. Laperche, d'après la même méthode que son grec, cet entassement était devenu tel que je n'y comprenais plus rien moi-même.

Je prenais les mots pour des choses. Après avoir récité la liste des corps simples, je croyais les connaître; après avoir répété mot à mot un chapitre de physique, je me figurais être aussi savant qu'Ampère, Arago, Gay-Lussac, etc., sans avoir jamais rien vu, rien expérimenté.

Pour le grec et le latin, c'était différent; quand on me parlait de la beauté d'une ode d'Horace, d'un chant d'Homère, d'un discours de Démosthènes, je me figurais qu'on voulait se moquer de moi; que rien n'était plus ennuyeux ; que tous ces gens-là radotaient, qu'ils cousaient des mots les uns au bout des autres, d'après les règles de la syntaxe, comme M. Gradus ; et Bossuet, Corneille, Racine, Boileau me produisaient le même effet; leurs chefs-d'œuvre me faisaient suer à grosses gouttes! Tous mes camarades avaient la même façon de voir; mais nous voulions être reçus bacheliers, et nous prenions la mine de gens convaincus. L'ennui, le découragement nous avaient saisis; et voilà ce qu'on appelle développer dans la jeunesse le sentiment du beau, le goût de la littérature, le culte des anciens.

Bref, on nous avait rendus stupides; et, puisque nous en sommes sur ce chapitre, je soutiens que bien des jeunes gens sortent de leur collège dans le même état; qu'ils ont perdu le sens commun, et qu'il leur faut deux ou trois ans pour se remettre, quand ils se remettent, car beaucoup n'en reviennent jamais, et ceux-là restent des machines toute leur vie; après avoir eu l'opinion de leur professeur, ils ont l'opinion de leur gazette; ils s'appellent entre eux gens sérieux, raisonnables; ils condamnent tout mouvement vers le progrès, et ne connaissent absolument que leurs formules; tout ce qui dérange leurs formules est détestable; ils ne veulent pas en entendre parler, ils le repoussent et le proscrivent.

Le pire, c'est qu'un grand nombre, outre le sens commun, ont aussi perdu le sentiment de la dignité naturelle à l'homme. Je ne parle pas des vices que l'ennui profond engendre dans les établissements fermés, je parle du sentiment de la justice et de la liberté; je parle du courage nécessaire pour soutenir son droit envers et contre tous ; je parle de la bassesse de caractère qui succède à la fierté native de tout être bien conformé ; oui, l'affaissement des caractères résulte aussi de ce système d'instruction.

La quatrième année de mes études, étant en seconde, il arriva pendant l'hiver quelque chose de bien singulier.

J'avais alors quinze ans; j'étais malade depuis quelques mois, malade d'ennui, pâle, les yeux creux, maigre comme un clou; de grands cheveux bruns me retombaient sur le front, quelque léger duvet commençait à paraître sur mes joues et mes lèvres; je m'affaissais. Il me fallait toute la vitalité que j'avais puisée autrefois dans l'existence heureuse de la famille, en pleins champs, pour me soutenir encore un peu; et, pendant les récréations, je restais toujours à moitié couché sur le banc, derrière mon pupitre, regardant avec indifférence les jeux des autres élèves.

Je voyais tout en noir.

Mon ami Goberlot, l'année d'avant, était parti pour Fribourg, d'où le pauvre garçon devait revenir bien changé par les Jésuites. Mais cela ne regarde pas mon histoire, et je ne veux pas dire de mal d'un vieux camarade.

«Quel malheur d'être venu dans ce monde! Quel tas de Canard, de Gradus et de Laperche nous environnent! Quelle quantité de mensonges on vous fait avaler pour des vérités! Dieu du ciel ! faut-il que, sans savoir ni comment ni pourquoi, nous soyons condamnés à ces galères? »

C'est à ce genre d'idées peu consolantes que je me livrais depuis quelque temps. Je tremblais, je pleurais pour rien; j'étais devenu comme une femme, et pourtant je ne connaissais aucun vice. C'est à force d'avoir avalé du rudiment, de la nomenclature et des injustices, que je me trouvais dans cet état.

Or, vous saurez que, en ce temps de crise, trois ou quatre grands gaillards de dix-huit à vingt ans avaient pris l'habitude de molester les petits et même de les battre, lorsqu'ils n'acceptaient pas leurs vexations d'un air de bonne humeur; c'étaient des fils de famille qui se livraient à ces distractions, au lieu de préparer leur baccalauréat; mais les professeurs leur donnant des leçons particulières, ils étaient sûrs d'arriver tout de même.

Le maître d'étude Bastien fermait les yeux sur ces choses, les tyrans de nos récréations avaient donc beau jeu.

Le plus acharné de ces mauvais drôles était M. Charles Balet, le fils de l'avocat Balet, de Sarrebourg, un fainéant, un ivrogne, une nullité dont les vices n'ont fait que s'accroître de jour en jour, jusqu'à l'époque où, s'étant ruiné de fond en comble, il devint chaudronnier ambulant, menant son âne pelé par la bride. Tout le pays a vu cela.

Kxi... í... ι... í?.... Kαl... ι... í... ι?... (p. 51).

Mais alors c'était un riche; il faisait des farces et ne se refusait rien, en fait d'insolences et de brutalités, sur les petits qui ne pouvaient pas lui résister.

Un soir donc, pendant les grands froids de janvier, tous les élèves étaient réunis dans la salle d'étude; les uns jouaient à la main chaude, aux billes, etc.; d'autres causaient autour du poêle, quand tout à coup un immense éclat de rire retentit.

M. Charles Balet venait de faire une farce à l'un des petits, Lucien Marchal, un bon petit garçon de onze à douze ans, bien doux, bien tranquille, et même un peu rêveur, comme il arrive aux enfants éloignés pour la première fois de leurs parents.

M. Balet venait de lui tirer brusquement la chemise, par un trou du pantalon; c'est de là que venait la joie des autres.

Le petit Marchal, tout rouge de honte, se dépêchait de rentrer sa chemise; mais Charles Balet, encouragé par son triomphe, la retirait aussitôt à grandes secousses, de sorte que l'ouverture du pantalon s'élargissait toujours, et que Marchal, au milieu du cercle des rieurs, et trop faible pour se défendre, se mit à pleurer.

Moi, derrière mon pupitre, j'avais regardé cela; je sentais mes joues trembler.

Depuis longtemps j'en voulais à ce tyran, qui n'avait pourtant jamais osé m'attaquer; devinant sans doute, quoique beaucoup plus grand et plus fort que moi, qu'il pourrait bien risquer quelque chose et recevoir des égrati-

Au secours!... on m'étrangle !...(p. 58).

gnures, ce qui n'entrait pas dans son caractère.

De mon côté, me sentant beaucoup plus
faible, j'hésitais; mais, aux sanglots de Marchal, l'indignation l'emporta.

« Dis donc, Balet, m'écriai-je en élevant la
voix, tâche de cesser tes mauvaises plaisanteries; je te défends de tourmenter les petits. »

Le gueux se retourna stupéfait de mon audace; il me regarda de haut en bas, surpris de
voir qu'un *nabot*, comme il m'appelait, osât
porter atteinte à son autorité.

Tous les autres, non moins étonnés, s'é-
taient tus, regardant, . écoutant.

Je sortis lentement de ma place derrière la
table, devinant qu'il allait falloir livrer ba-

taille, et résolu de faire payer cher sa vic-
toire au grand lâche que je détestais.

Il était devenu d'abord tout rouge, et puis
pâle.

« Tu me défends, toi ! dit-il en ricanant; tu
me défends?

— Oui, lui répondis-je froidement et les
dents serrées, je te défends de battre les petits ! »

Alors il leva la main; mais aussitôt la colère amassée dans mon cœur eut sa satisfaction, et d'un bond je lui sautai au cou comme
un chat, les ongles plantés derrière ses oreilles.

Il fit entendre un cri terrible.

En même temps, tous les camarades, surtout les petits, transportés d'enthousiasme en
voyant le tyran attaqué, me crièrent :

8

« Courage, Nablot.... courage! »

Je n'avais pas besoin d'encouragements! Le grand Balet me frappait des deux poings à la figure, et le sang me jaillissait du nez, mais je ne lâchais pas prise; je me cramponnais, mes ongles entraient dans sa chair de plus en plus, et je riais comme joyeux, en lançant au bandit des coups de pied dans les jambes, avec une rage qui le fit bientôt crier :

« Au secours!... On m'étrangle!... »

Personne ne bougeait.

« Ah! grand lâche, lui dis-je en redoublant, tu as peur! »

Et le frémissement d'enthousiasme, les cris de « Courage, Nablot! » furent tels que le maître d'étude entendit du corridor, et M. le Principal de sa chambre au fond.

Tout à coup la porte s'ouvrit; M. Rufin, M. Bastien, Canard et Miston parurent à l'entrée de la salle.

Balet, se voyant secouru, redoublait ses coups de poing; mais il chancelait, il suffoquait, il pleurait, quand de tous les côtés à la fois je fus saisi et arraché de son cou sanglant.

« Monsieur Nablot, je vous chasse! me criait le Principal, je vous chasse!... Dans votre position.... maltraiter M. Balet.... c'est abominable!... »

Je n'écoutais rien. Et pendant que les autres me tiraient par les bras et le collet de l'uniforme pour m'entraîner, regardant le tyran d'un œil sauvage, je lui dis en riant :

« Ça t'apprendra, grand lâche, à battre les petits.... Attention à toi!... »

Et comme il me menaçait encore, me voyant retenu, d'un mouvement terrible je me dégageai de toutes les mains, et, bondissant, je lui crachai à la figure.

Alors le Principal indigné me fit saisir et porter au cachot.

Les vitres de la prison étaient cassées, il ne restait que les barreaux. Le vent, le froid, la pluie et la neige entraient tour à tour dans cette petite pièce, étroite et sombre, où se glissait rarement un rayon de soleil. On me mit là sur des dalles, et je ne bougeai pas pendant quatre heures; le sang à la fin s'était gelé sur ma figure. J'entendis sonner la cloche pour aller au réfectoire, puis pour la récréation, puis pour le coucher.

Tout le monde était au lit depuis une heure, il gelait à pierres fendre, quand un pas lointain glissa dans le corridor, une clef entra dans la serrure; M. le Principal lui-même s'était souvenu de moi. Canard, Miston, le père Dominique, le père Van den Berg m'avaient ou-blié, ou peut-être pensaient-ils que j'étais indigne de vivre, ayant osé battre M. Balet, le fils du premier avocat de Sarrebourg.

M. Rufin tenait sa bougie, qu'il abritait d'une main; il me dit : « Levez-vous.... allez vous coucher.... J'ai fait prévenir votre père, il viendra vous prendre demain. »

Je me levai sans répondre, et, montant le grand escalier sombre, je me lavai la figure en passant à l'aiguière, et puis j'allai me mettre au lit, moitié content, moitié inquiet.

Les paroles du Principal me revenaient à l'esprit : « Dans votre position, battre M. Balet!... » Je me demandais ce que cela voulait dire.

Il était dix heures, et la cloche sonnait pour la dernière étude avant midi, lorsque je m'éveillai dans le grand dortoir désert, les fenêtres toutes blanches de givre. Les camarades me voyant dormir comme un bienheureux, la figure toute bleue de coups, ne m'avaient pas réveillé, et le maître d'étude, M. Bastien, pensant que j'étais chassé du collège, ne s'était pas non plus occupé de moi.

Je me levai; et tout en m'habillant, assis sur le lit, égayé par le jour clair et blanc de l'hiver, par la satisfaction d'avoir battu celui que je détestais, je me mis à siffler comme un merle. J'étais las du collège, et, quoi qu'il pût m'arriver, rien ne pouvait être pire que cette existence de prisonnier; c'est du moins ce que je pensais.

« Tu seras clerc de ton père, me disais-je, tu travailleras dans l'étude, en attendant l'âge de t'engager. »

Mes idées s'éclaircissaient, et je prenais gaiement mon parti de tout, quand, au fond de la grande salle, parut M. Canard, en cravate de couleur et petite calotte sur l'oreille, qui me cria d'un air narquois :

« Eh bien, monsieur Nablot, vous ne voulez donc pas nous quitter?... Votre papa est en bas, qui vous attend. »

Comme je croyais tout terminé avec ce collège, je lui répondis, en imitant son accent nasillard :

« Tout de suite... monsieur Canard... tout de suite!... »

Ce qui l'offensa gravement.

« Monsieur Nablot, dit-il, qui vous a permis de me contrefaire? Vous êtes un malhonnête...

— Et vous, monsieur Canard, vous êtes un homme injuste : vous m'avez donné de la mie pendant quatre ans, parce que mon père ne vous graissait pas assez la patte. »

Alors il devint tout rouge, et comme il restait là, ne sachant que répondre, je passai devant lui lentement et je descendis l'escalier.

En bas, dans l'antichambre de M. le Principal, j'entendis la voix de mon père, et je frappai.

« Entrez ! »

Mon père était là, debout.

En me voyant entrer la figure toute machurée, l'excellent homme, fort triste, comme on pense, ne put s'empêcher, malgré le chagrin que je venais de lui donner, de m'embrasser avec attendrissement.

« Mon pauvre enfant, dit-il, comment as-tu pu maltraiter un de tes camarades? Ce n'est pourtant pas ton caractère.

— Monsieur Nablot, dit le principal, vous vous faites illusion sur Jean-Paul; c'est un caractère intraitable, un mauvais cœur.

— Le grand Balet a trois ans de plus que moi, dis-je alors; il bat tous les petits depuis longtemps; je lui ai défendu de continuer, et c'est lui qui a commencé; qu'on demande à tout le monde : il a commencé.

— M. Balet est à l'infirmerie; vous l'avez battu d'une façon indigne, il a les jambes toutes noires. Vous avez voulu l'étrangler... Vous êtes un caractère violent.

— Je n'ai jamais fait de peine à personne, répondis-je; mais je ne me laisserai pas battre. Le grand Balet me croyait plus faible, il s'est trompé. Tous les camarades m'ont donné raison; qu'on leur demande ce qui s'est passé; ce sont eux qu'il faut interroger, et non pas le grand Balet, ni M. Bastien, qui n'était pas là. Qu'on fasse venir les petits... qu'on les interroge... on verra !... »

Il y eut un instant de silence, et mon père, profondément ému, me dit :

« Ecoute, Jean-Paul, je viens d'intercéder pour toi. C'est une honte... une grande honte d'être chassé du collége; cela vous suit toute la vie !... Je viens de supplier M. le Principal de t'excuser; il s'est laissé fléchir, mais à une condition, c'est que tu feras des excuses à M. Balet, un de tes anciens... un...

— Jamais! répondis-je brusquement, non!... Quand j'ai raison, je ne fais pas d'excuses... ce serait une bassesse... Tu m'as toujours dit qu'il valait mieux tout supporter que de faire des bassesses !

— Vous l'entendez ? » dit le Principal.

Mon père était devenu tout pâle. Il me regarda quelques secondes, les yeux pleins de larmes.

« Oh ! Jean-Paul !... » fit-il tout bas.

Puis, se tournant vers M. Rufin, il dit d'une voix un peu enrouée :

« Je les ferai pour lui, monsieur le Principal, si vous voulez bien le permettre... »

Alors, entendant cela, je pris ma casquette sur la chaise, et je sortis le cœur déchiré. Le Principal me cria de la chambre :

« Retournez à votre place à la salle d'étude; en considération de l'honnête homme dont vous êtes le fils, je veux bien vous recevoir encore. »

Je m'arrêtai deux secondes dans l'antichambre, me demandant si j'accepterais. Jamais je n'ai réfléchi plus vite; les idées me passaient par la tête comme des éclairs; l'affection que je portais à mon père me décida.

« J'irai jusqu'à la fin de l'année, me dis-je, et puis ce sera fini; j'en ai bien assez !

Et d'un pas plus lent, traversant la cour, j'entrai dans la salle d'étude.

Tous les yeux se levèrent.

Je passai près du poêle, j'enjambai mon pupitre et je m'assis à ma place.

M. Bastien s'approcha doucement; comme il allait me parler, je lui dis à voix basse :

« Je suis revenu par ordre de M. le Principal. »

Au même instant, mon père et M. Rufin passaient dans la cour, devant les fenêtres, sans s'arrêter. Le maître d'étude retourna s'asseoir dans sa chaire, et je me mis tranquillement à faire mon devoir, jusqu'à l'heure où la cloche annonça le dîner.

Tout alla comme à l'ordinaire, personne ne me parla de ce qui s'était passé.

Huit jours après, le grand Balet revint aussi s'asseoir à sa place. Quelquefois, en levant les yeux par hasard, je le voyais qui m'observait; aussitôt il regardait ailleurs. Il vexait encore les petits, mais le prestige de sa force était tombé, quelques autres grands prenaient la défense des faibles.

Quant à moi, j'étais devenu encore plus sombre qu'avant; une chose m'humiliait, c'est que mon père eût fait des excuses; en pensant à cela, tout mon sang se retournait, cela me paraissait contre nature, et, puisqu'il faut dire toute ma pensée, je lui en voulais...

Les choses allèrent ainsi jusqu'à la fin de l'année. Les camarades se tenaient en quelque sorte éloignés de moi; je me souciais aussi fort peu de leur amitié; depuis le départ de Goberlot, je n'avais plus d'affection particulière au collége. L'étude m'ennuyait de plus en plus. Enfin, les vacances revinrent comme d'habitude. Je n'obtins pas un seul prix ; cette fois, le dégoût était complet, et j'étais bien décidé à ne plus revenir.

V

Cette année-là, les vacances furent tristes. Je ne voulais plus retourner au collége, et je n'osais le dire à mes parents, sachant combien cela leur ferait de peine.

Au lieu de me promener comme autrefois dans les vallons et les bois, si beaux en automne ; au lieu de me baigner à l'ombre des hêtres et de pêcher à la main sous les roches, ce qui me rafraîchissait le sang et ranimait toujours mes forces, je restais tout rêveur à la maison.

Notre jardin en pente ; ses petits murs tapissés d'espaliers ; sa gloriette couverte de vigne vierge, de pois d'Espagne et de chèvrefeuille ; ses grands massifs de groseilliers et de framboisiers, où ma mère et Babelô faisaient la cueillette ; les grosses poires dorées et les magnifiques pommes rouges courbant sous leur poids les branches des vieux arbres, tout cela ne me disait plus rien.

J'entendais les cris de joie de mes frères et sœurs dans la rue, au passage des hautes voitures de regain, sans même regarder à la fenêtre ; et durant de longues journées je me tenais assis à l'étude auprès de M. Pierron, un bon vieux clerc, grave, sérieux, un peu maniaque, comme tous les gens de bureau, aimant à tout mettre en ordre ; sa plume à droite, près de l'écritoire, sa grosse tabatière d'écorce de bouleau à gauche, sous la main, pour n'avoir jamais à chercher et penser le moins possible.

Je voyais des files de cinq et six paysans, hommes et femmes, en robes crasseuses, jupons de laine, sarraux bleus, l'air soucieux, l'œil louche, se regardant en dessous, venir se disputer chez nous sur leurs contrats de vente ou de fermage, cherchant à se tromper les uns les autres par des détours ridicules, se grattant la tignasse, ou mettant la main sur l'estomac pour attester leur bonne foi ; et mon père, forcé de leur expliquer longuement, de point en point, d'abord ce qu'ils voulaient, car ils ne le savaient pas toujours, et puis ce qu'ils pouvaient faire d'après la loi, car ils n'en savaient rien du tout et se croyaient tout permis, même de convenir entre eux de choses contraires à l'ordre public.

Ces mauvaises intentions se voyaient comme peintes sur leurs figures, dans leurs paroles et leurs gestes. Je m'en indignais. Le père aussi quelquefois avait peine à se contenir ; mais il devenait vieux, il avait de grandes charges à supporter pour l'instruction de ses enfants, et bien souvent, quand tous ces êtres de mauvaise foi n'avaient pu s'entendre et que tout semblait rompu, il reprenait l'affaire depuis le commencement avec une patience admirable, et finissait, à force de bon sens, de justice et de droiture, par les accorder et rédiger son acte.

Voilà l'existence du notaire de village ! On se figure qu'il n'a pas besoin d'en savoir autant que ceux des villes, c'est une grande erreur. Dans les villes, on trouve des avocats, des avoués, des géomètres, des architectes, des experts de toute sorte, capables de vous éclairer et de vous aider au besoin ; à la campagne, le notaire fait tout lui seul, il tire tout de son propre fonds ; et puis dans les villes chacun sait ce qu'il veut, comment il le veut, à quelles conditions il se soumet ; et le plus souvent les paysans n'en savent rien du tout ; ils se croient plus malins que les autres et marchent hardiment d'après cette bonne opinion qu'ils ont d'eux-mêmes, sans prévoir les conséquences dangereuses de leurs finesses.

Dans les villes aussi, les contractants savent parler, s'expliquer, dire clairement leurs intentions, qu'il suffit d'écrire dans les formes prescrites par la loi : au village, le notaire est forcé de tout débrouiller, dans l'esprit de ses clients d'abord, ensuite sur le papier. Il est en quelque sorte le tuteur ou le fléau du pays ; il conserve l'avoir des familles ou il les ruine ; c'est quelque chose de terrible, surtout avec ce principe « que nul n'est censé ignorer la loi », lorsque pas un paysan sur mille n'en connaît le premier mot.

Et je me permets de dire à cette occasion que, du moment qu'on écrit un tel principe dans la loi, parce qu'il est indispensable au gouvernement des peuples, on devrait au moins trouver autre chose que des affiches pour faire connaître les nouvelles lois ; les affiches sont bonnes pour ceux qui savent lire ! Si l'on tient à ces affiches, on devrait apprendre à lire aux enfants, sans cela ce principe n'est pas seulement une fiction, c'est un mensonge, une imposture, un moyen détourné de livrer la masse à la rapacité d'une foule d'égoïstes. Et si l'on ne veut pas que les gens sachent lire, — car il y a des richards, des nobles et des prêtres qui ont cette idée dans notre pays, — eh bien alors, qu'on fasse publier les lois au prône, par les curés ; cela serait au moins aussi utile que les mandements des évêques sur le gras et le maigre, et cela ne nuirait pas à la religion : l'ignorance amène la misère, et la misère amène tous les vices.

Le spectacle de tout le travail que faisait mon père pour nous élever, en restant honnête homme, me donnait beaucoup à réfléchir, et la carrière du notariat me paraissait de plus en plus difficile.

« C'est bien la peine, me disais-je souvent, de tant étudier pour en arriver là ! »

Vers la fin des vacances, l'idée de retourner au collége m'accablait, et j'étais d'autant plus à plaindre que le courage de refuser franchement me manquait. Non, je n'osais faire un tel chagrin à ceux qui m'aimaient et mettaient en moi leurs plus chères espérances.

Cela se présenta pourtant la veille du départ ; l'aveu m'échappa sans y penser.

C'était le matin, avant l'arrivée de notre vieux clerc ; j'occupais déjà ma place ordinaire à l'étude, le coude au bord de la fenêtre, et je rêvais tristement.

Le père, en train d'écrire un acte qu'il avait étudié la veille jusqu'à minuit, ne faisait pas attention à moi ; il était absorbé, quand tout à coup je m'écriai :

« Plutôt que de retourner au collége, j'aimerais mieux me jeter à la rivière ! »

Le pauvre homme se retourna brusquement ; il me regarda quelques secondes, et puis, élevant la voix, une voix frémissante de douleur, il dit :

« Voilà donc la récompense de mon travail depuis tant d'années !... Voilà mon espérance qui s'en va !... Voilà ce qu'il me faut entendre de l'enfant en qui j'avais mis toute ma confiance !... Je l'ai trop aimé !... »

Il jeta sa plume comme désespéré.

« Oui, je l'ai trop aimé !... J'ai peut-être fait tort à ses frères... C'est ma punition. »

Il se mit à marcher avec agitation ; chacune de ses paroles me perçait le cœur : il avait raison, je ne répondais pas à son affection, j'en étais indigne.

« Que veux-tu faire ? dit-il en se rasseyant désolé. Dans ce monde, il faut faire quelque chose pour vivre.

— Tout ce que tu voudras, lui répondis-je ; fais-moi cordonnier, boulanger, tailleur, tout, j'accepte tout, plutôt que de me remettre au latin. »

La mère entrait dans ce moment, et le père lui dit d'un accent étrange :

« Tiens, voilà Jean-Paul qui ne veut plus continuer ses classes.

— Non, m'écriai-je, c'est assez ! Je ne peux plus supporter toutes ces injustices. Je ne veux plus être forcé de demander pardon à des Charles Balet. »

Mon pauvre père était devenu tout pâle.

« Mais ce n'est pas toi, Jean-Paul, fit-il au bout d'un instant, qui as demandé pardon.... C'est moi !...

— Et pourquoi l'as-tu fait ? lui dis-je, car cette grande humiliation m'était restée sur le cœur, et l'idée de retourner où je l'avais subie m'ôtait toute retenue.

— Tu veux le savoir ? dit le père d'une voix tremblante, eh bien, je vais te le dire.... J'ai fait cela pour toi.... pour te permettre de continuer tes études et ne pas briser ta carrière.... Si l'on t'avait renvoyé, je n'aurais pu, faute d'argent, te placer dans un autre collége.... A Saarstadt, M. le Principal me fait crédit.... »

Il voulut continuer, mais les larmes lui coupèrent la voix.

« Il fallait bien aussi penser à tes frères et sœurs, dit-il en se reprenant.... Je ne pouvais pas tout faire pour toi, et rien pour les autres. Je ne suis pas riche, et vous êtes cinq !... »

Il allait de long en large, sanglotant dans son mouchoir. Moi, je baissais la tête.

« C'est convenu depuis longtemps avec le Principal, reprit-il. A la fin de la deuxième année, comme je demandais un délai pour le payement du second semestre, que je n'avais pu réaliser, ayant placé ta sœur Marie-Reine à Molsheim et ton frère Jean-Jacques à Saverne, M. Rufin me dit : — Je connais votre position.... vous êtes chargé d'une nombreuse famille.... Votre fils est un peu turbulent, mais il a de l'intelligence et travaille bien.... Ce serait dommage de l'arrêter au milieu de ses études. Ne vous tourmentez pas.... J'attendrai ! »

Il se remit à pleurer, en disant :

« Eh bien, les choses ont toujours marché depuis sur le même pied.... Je n'ai jamais donné que des à-compte. Cela m'a permis de placer aussi ton frère Jean-Philippe et ta sœur Marie-Louise.... Je suis en retard de plusieurs semestres.... mais M. le Principal attend.... Je lui paye les intérêts.... il ne me presse pas trop. — Je ne voulais pas te le dire.... Je voulais porter l'humiliation tout seul.... Voilà pourquoi j'ai demandé pardon à ce grand vaurien qui t'avait battu ! »

Alors, entendant cela, je me levai en lui criant :

« Mon père, pardonne-moi !... Je ferai toujours ce que tu voudras.... Je ne te demanderai jamais plus rien ! »

Il me reçut dans ses bras et me dit, en me regardant avec un attendrissement inexprimable :

« Courage, mon enfant, courage !... Tu pourras être bien plus malheureux que tu ne l'es maintenant ; mais souviens-toi que le seul malheur qu'il faille redouter, le seul irréparable, c'est de ne pas remplir son devoir. Je te pardonne de bon cœur. Va demander aussi pardon à ta mère, car elle ne savait rien non plus, et tu m'as forcé de raconter devant elle que nous devons à un étranger le bienfait de ton éducation. »

Je me mis à genoux devant ma mère, qui pleurait la tête penchée dans sa main ; elle m'embrassa, et comme nous ne pouvions arrêter nos larmes, le père dit :

« Pierron va venir !... Entrons dans la salle à manger. »

Nous sortîmes.

« A quelle heure partons-nous, mon père? dis-je en m'essuyant les yeux.

— Aussitôt après déjeuner, Jean-Paul. J'ai prévenu Nicolas d'atteler le cheval ; à quatre heures, il faut que je sois de retour, car les Didier viendront ce soir signer leur acte ; c'est convenu, Pierron va le mettre au net.

— Et tes effets sont prêts, dit la bonne mère, j'ai tout arrangé dans la malle.»

Alors, quoi qu'il pût arriver, et quand même mon dégoût aurait été encore dix fois plus grand, je me serais regardé comme un gueux de faire la moindre objection.

Au contraire, j'avais hâte de me remettre au travail et d'en finir avec mes deux dernières années de collége, mais bravement, sans compter sur les prix, et décidé seulement à les mériter.

VI

Cette année-là, j'obtins une petite chambre pour moi tout seul, donnant comme presque toutes les autres sur la cour intérieure, une ancienne cellule de capucin, blanchie à la chaux, avec un petit lit, une chaise, une table en bois de sapin.

J'avais seize ans, j'entrais dans la classe des grands. Enfin j'étais mieux ; je pouvais travailler un peu le soir et rêver à mes leçons, cela me fit plaisir.

Et puis, j'appris à connaître un professeur digne de ce nom, car tous les autres, dans notre collége, n'étaient, à proprement parler, que des routiniers, faisant leur métier d'instruire la jeunesse, comme on fabrique des chaussures, toujours sur les mêmes formes, ce qui ne demande pas beaucoup de réflexion.

Depuis mon arrivée à Saarstadt, j'avais vu M. Perrot traverser la cour matin et soir, clopin-clopant, le chapeau sur la nuque, pour se rendre à sa classe. Il n'avait pas l'élégance de M. Gradus, ni la majesté de M. Laperche; il boitait des deux jambes, s'appuyant sur un bâton et galopant quelquefois d'une façon assez risible ; ses épaules étaient inégales, ses lèvres grosses, son front haut et chauve. Des lunettes en cuivre ballottaient sur son nez un peu mou et aplati ; ses habits, toujours mal fagotés, dansaient sur son dos; en somme, on ne pouvait voir d'être plus indifférent à la mode.

Mais M. Perrot avait d'abord quelque chose qui manquait à ses confrères ; il savait le grec, le latin et le français à fond ; c'était un lettré dans toute la force du terme ; et, de plus, il avait le rare talent de communiquer son savoir à ses élèves.

Je n'oublierai jamais la première classe de rhétorique qu'il nous fit, et l'étonnement que j'éprouvai lorsque, au lieu de commencer par la correction grammaticale de nos devoirs de vacances, il mit tranquillement ce tas de paperasses dans sa poche de derrière, en nous disant :

« C'est bon !... c'est de l'histoire ancienne... Passons à de nouveaux exercices. »

Nous étions assis à quinze, dans la grande salle d'étude alors déserte, tournant le dos aux fenêtres du fond, et lui s'assit en face de nous, sur une chaise, près du poêle ; il retira une de ses bottines, qui le gênait ; il regarda, se gratta, remit la bottine d'un air rêveur et puis nous dit :

« Messieurs, vous prendrez des notes. Vous rédigerez mon cours, c'est la seule manière de bien fixer les choses dans la mémoire. Vous réserverez de grandes marges dans vos cahiers de rédaction, et sur ces marges vous écrirez l'entête des chapitres, avec les indications principales de la matière qui s'y trouve traitée.

« Ainsi, d'un coup d'œil, en parcourant ces entêtes, il vous sera facile de vous rappeler l'ensemble du chapitre, et si les détails ne vous reviennent pas tout de suite, vous n'aurez qu'à relire le développement en regard.

« La rhétorique n'est qu'une collection d'observations faites par des philosophes et des critiques, sur les œuvres oratoires ou littéraires qui de leur temps avaient obtenu le plus de succès.

« Ces philosophes et ces critiques, au nombre desquels se trouvent Aristote, Longin, Denys d'Halicarnasse, Quintilien, etc., ont tiré des règles de ces observations, concluant de ce qu'un tel moyen avait réussi souvent, qu'il devait toujours réussir dans les mêmes circonstances.

« C'est le recueil de ces règles qu'on appelle rhétorique.

« Mais remarquez bien, messieurs, que les œuvres avaient précédé les règles. Ce ne sont pas les règles qui ont produit les chefs-d'œuvre, ce sont au contraire les chefs-d'œuvre qui ont dicté les règles.

« Donc, pour savoir si les règles sont bonnes, fondées sur des observations exactes, et déduites avec rigueur de ces observations, nous recommencerons le travail que les critiques ont dû faire.

« D'abord, pour les différents genres oratoires : démonstratif, délibératif et judiciaire, nous lirons les discours de Démosthènes, de Cicéron, de Pline le Jeune, quelques harangues tirées de Tite Live, de Salluste, de Tacite, etc.

« Pour les productions du genre dramatique, nous lirons Eschyle, Sophocle, Euripide, Aristophane chez les Grecs, Térence et Plaute chez les Latins, avec une ou deux tragédies de Sénèque.

« Nous verrons si la règle des trois unités : de temps, de lieu, d'action, a toujours été bien observée.

« Enfin pour tous les genres nous ferons la même étude ; alors notre rhétorique sera solide.

« Mais vous comprenez que ce travail ne peut se faire par écrit, car ce serait beaucoup trop lent, nous n'aurions pas vu le quart de nos auteurs à la fin de l'année. Nous traduirons donc verbalement tous les jours quelques pages d'un ouvrage ; chacun de vous à son tour lira, les autres suivront ; si quelque difficulté se présente, je vous éclaircirai la question, et vous en prendrez note.

« Nous embrasserons ainsi, dans un an, non-seulement les auteurs exigés pour l'examen du baccalauréat ès lettres, ce qui serait peu de chose, mais la littérature de deux grands peuples, représentée par leurs œuvres monumentales.

« Si nous voyons que le temps nous manque vers la fin de l'année, eh bien ! tous les jours, après neuf heures, lorsque les enfants iront dormir, nous autres nous poursuivrons nos études jusqu'à minuit s'il le faut.

« Profitez bien du temps, messieurs. Quant à moi, je n'épargnerai rien pour vous faire une bonne classe de rhétorique, qui vous servira toujours, quelle que soit la carrière que vous embrassiez par la suite, car, quoique bien peu d'entre vous soient destinés à devenir des auteurs, des poètes ou des écrivains en titre, vous aurez toujours besoin de savoir juger d'une production littéraire quelconque ; cela contribuera d'abord au développement de votre intelligence, ensuite aux jouissances sérieuses et durables de votre vie. »

Ainsi parla cet honnête homme, avec une simplicité qui me surprit ; jusqu'alors je n'avais vu que des faiseurs d'embarras, de pauvres niais, très-fiers de leur science grammaticale, tandis que M. Perrot parlait de lire tous les principaux auteurs grecs et latins, comme d'une chose toute simple. Cela me paraissait impossible, étant encroûté dans les difficultés de trois ou quatre rudiments, qui, bien loin de nous aider en quoi que ce soit, embrouillaient tout dans notre esprit ; mais je reconnus bientôt qu'avec un vrai professeur tout devient facile.

Cette année de rhétorique et celle de philosophie qui suivit, fut le seul bon temps de ma jeunesse, le temps du réveil, après un long cauchemar, le temps où tout un monde d'idées parut éclore dans mon esprit, où la santé me revint, où le dégoût disparut.

M. Perrot aimait ses élèves ! En hiver, pendant les récréations, quand le vent soufflait dans le vieux cloître, que la neige s'amassait aux vitres et que tout le monde grelottait dans les corridors, il arrivait le soir sur ses pauvres jambes infirmes ; il se pendait aux épaules de deux grands et ranimait le courage de tous, en chantant comme un véritable enfant : « Frère Jacques, dormez-vous ? » ou bien : « Malbrouck s'en va-t-en guerre ! » Bientôt la vieille capucinière était ressuscitée, et l'on finissait par rire comme des bienheureux, jusqu'à l'heure où la cloche du père Van den Berg nous envoyait au lit.

En classe, nous parlions de harangues, de discours, d'Athènes, de Rome. Nous comparions Démosthènes, le dialecticien terrible, à Cicéron, le pathétique ; l'oraison funèbre des guerriers morts dans la guerre du Péloponèse, de Périclès, par Thucydide, à l'oraison funèbre du grand Condé, par Bossuet. On bataillait, on se disputait. Tantôt Masse, tantôt Scheffler ou Noblet en chaire soutenaient l'attaque des

Je restais toujours rêveur à la maison (p. 60).

camarades, sur la supériorité de tel ou tel chef-d'œuvre. M. Perrot, assis au milieu de la salle, ses grosses lunettes sur le front et le nez en l'air, excitait les uns et les autres ; et quand par hasard l'un de nous trouvait un argument nouveau, une réplique décisive, il se levait comme transporté d'enthousiasme et galopait clopin-clopant devant les pupitres, en poussant des exclamations de joie.

A la fin, quand la cloche sonnait la sortie, l'excellent homme fermait la discussion, et toute la classe tombait d'accord que ces anciens-là savaient écrire et parler. Les réfutations de Démosthènes et les péroraisons de Cicéron avaient surtout notre estime ; et nous aurions été bien heureux de pouvoir assister à quelques-unes de ces fameuses discussions, où tous les citoyens écoutaient d'un bout de la place à l'autre, et jusque sur les toits en terrasse, les terribles lutteurs aux prises pour ou contre la guerre à Philippe, les lois agraires, l'arrestation des Gracques et d'autres grandes mesures semblables.

La seconde partie de notre rhétorique, après Pâques, fut encore plus intéressante, car alors commencèrent nos lectures dramatiques ; alors M. Perrot nous fit connaître le théâtre grec, bien autrement imposant que le nôtre, puisque c'était sous le ciel, en pleine nature, pendant les fêtes d'Éleusis ou les Panathénées, et devant tous les peuples accourus des îles Ioniennes, de la Crète et des colonies asiatiques, que se donnaient ces représentations des Euménides, des Suppliantes, d'OEdipe

Je me mis à genoux devant ma mère (p. 62).

roi, d'Hécube, etc., aux applaudissements de la foule immense. La voix des acteurs était portée au loin par des bouches de bronze ; les chœurs, composés de jeunes filles vêtues de lin, chantaient dans les intermèdes l'espérance, l'enthousiasme, la terreur, quelquefois des invocations aux dieux infernaux, à la fatalité ; enfin tout était en scène, et l'émotion de la foule y jouait le premier rôle.

Quant aux comédies, elles se représentaient plus modestement sur l'Agora, la place du marché, où chacun pouvait aller rire à son aise.

C'est aussi là que se promenait Socrate, parmi les échoppes de tous métiers, apostrophant tantôt un savetier, tantôt un marchand de marée, tantôt un surveillant de la halle, et faisant rire le peuple à leurs dépens. Il élevait une concurrence dangereuse aux comédiens, nous dit M. Perrot, et c'est pourquoi tous les comédiens se liguèrent contre lui : le sophiste Anitus, l'orateur politique Lycan, le misérable poëte Mélitus, avec lesquels un écrivain de génie comme Aristophane n'aurait jamais dû se mêler.

Nous apprîmes en même temps l'accentuation grecque, la mélopée de l'hexamètre et celle de l'ïambe, les dialectes ionien et dorien ; et tout cela sans difficultés, parce que le professeur ne nous enseignait que ce qu'il savait lui-même.

Nous eûmes encore le temps de lire quelques passages de la Guerre du Péloponèse par Thucydide, de celle de Massinissa par Polybe,

9

et le commencement des *Annales* de Tacite.
Pour nous familiariser avec le dialecte dorien, M. Perrot nous fit traduire deux ou trois
idylles de Théocrite, mais dans une édition de
Leipzig soigneusement expurgée. Nous aurions bien voulu connaître les vers restés en
blanc ; nous étions à l'âge où tout ce qu'on
nous cachait prenait à nos yeux une importance extraordinaire.

Enfin, nos études avançaient ; et, chose
singulière, au lieu d'être dans les derniers,
comme en seconde, j'étais devenu le premier
de notre classe. M. Perrot me reprochait bien
quelques barbarismes et quelques solécismes
dans mes rédactions latines ; il trouvait bien
des fautes de quantité dans les vers que je
fabriquais à grands coups de dictionnaire,
avec des bribes du *Gradus ad Parnassum*, mais
il soutenait que j'avais plus le sentiment de la
langue qu'aucun autre de mes camarades ; et
quant au discours français, je suis obligé de
n'en rien dire, les autres me considéraient
comme un petit Cicéron. Grâce à Dieu, j'avais
assez de bon sens pour voir qu'ils se trom-
paient.

Or, en ce temps-là, M. Perrot, qui lisait
beaucoup les modernes, ayant oublié par hasard en classe un petit livre relié en maroquin
rouge, je crus pour le coup tenir les idylles de
Théocrite, sans aucune rature, et le soir, dans
ma petite chambre, à la chandelle, je tirai le
volume de ma poche.

C'était une contrefaçon belge des *Orientales*
et des *Odes et Ballades* de Victor Hugo, qui me
rendirent fou d'enthousiasme. Je n'avais rien
vu de pareil : ce style coloré, pour nous peindre les scènes de la vie d'Orient, puis l'origi-
nalité, le pittoresque des tableaux du moyen
âge, me tiraient les yeux de la tête.

Tout ce que j'avais lu jusqu'alors me paraissait fade auprès de cela, et le lendemain je
m'en allais courant dans les corridors, et
criant que Racine, Corneille et La Fontaine
étaient de pauvres poëtes ; qu'ils n'avaient
jamais eu d'inspiration, et qu'il fallait les
mettre tous au rebut.

Le petit livre se promenait de mains en
mains, et tous les camarades adoptaient mon
avis par acclamation.

Deux jours après, M. Perrot ayant longtemps cherché ses *Orientales*, se souvint de
les avoir oubliées en classe, et s'adressant à
moi :

« Monsieur Nablot, me dit-il, n'auriez-vous
pas trouvé, par hasard, un petit volume relié
en maroquin ? »

Je devins tout rouge, car il était entre les

mains de quelqu'un ; je ne savais pas de qui.

« Le voici ! dit Scheffler, Nablot me l'a
prêté.

— C'est bon, dit M. Perrot en le recevant.
Il est bien heureux que vous ayez vu presque
tous vos auteurs, car vous ne ferez plus rien
de naturel ; vous allez voir jusqu'à la fin de
l'année des giaours brillants de pierreries,
des têtes plantées sur les aiguilles des mina-
rets et causant entre elles comme des philosophes.... Je connais cela, s'écria-t-il ; je suis
désolé de ma négligence. Vous avez lu le
livre, monsieur Nablot.... et vous autres ?

— Oui, monsieur.

— Ah ! j'en étais sûr ! »

Et clopin-clopant à travers la salle, il pour-
suivit d'une voix criarde :

« A quoi tout cela rime-t-il ? Est-ce que cela
tient des Grecs ?... Est-ce que cela tient des
Latins ?... De quelle école est-ce ? Je vous le
demande. Voyons !... »

Comme nous ne répondions pas, il s'é-
cria :

« Cela tient des barbares ! C'est un déver-
gondage d'imagination... quelque chose dans
le genre des prophètes juifs : d'Isaïe, d'Ezé-
chiel, de Jérémie. Mais ceux-là, du moins,
étaient pouilleux, ils mangeaient des saute-
relles, ils logeaient dans des baleines, ils n'a-
vaient ni feu ni lieu, ils attrapaient tous les
jours quelque bon coup de soleil sur leur
crâne chauve ; leur exaspération et leurs fantaisies étranges s'expliquaient. Oui, à la rigueur, on comprend qu'avec leur manteau en
poil de chèvre rempli de vermine, jeûnant
des quarante jours de suite et ne trouvant pas
un verre d'eau à boire, ces personnages aient
poussé des cris d'aigle, et qu'ils aient eu des
visions dans le genre de l'Apocalypse !... Mais
celui-ci n'a pas la moindre excuse ; il est jeune,
il se porte bien, il vit dans la meilleure société, il a fait toutes ses classes... Je n'y comprends rien !... »

Et s'arrêtant :

« Monsieur Nablot, vous trouvez cela
beau ?

— Oui, monsieur.

— Et vous, Masse, Scheffler... vous tous ?

— Très-beau ! »

Alors M. Perrot s'indignant nous dit :

« Vous êtes tous des ânes ! C'est bien la
peine de vous avoir enseigné les règles d'Aristote et de Quintilien ! Vous aimez cela, monsieur Nablot ? »

Il me regardait, ouvrant de grands yeux.

« Oui, monsieur, lui répondis-je, non sans
émotion.

— Pourquoi ?

— C'est nouveau... ça m'éblouit !...

— Ce n'est pas une raison, s'écria-t-il. Est-ce que si l'inspecteur venait, il se contenterait de cela ? Que lui diriez-vous ?

— Je lui dirais que si l'on avait toujours fait comme Homère, on n'aurait jamais vu Virgile.

— Asseyez-vous, dit M. Perrot, vous êtes un sophiste ! Nous allons relire l'*Art poétique* d'Horace, pour nous remettre tous dans le bon sens ; car ceci, messieurs, fit-il en élevant son petit livre, c'est l'invasion des barbares ; nous sommes envahis dans le Midi par les Numides et dans le Nord par les Scandinaves. Ces gens-là n'ont pas les mêmes règles que nous ; ils n'ont pas même d'histoire. Nous, nous venons des Latins et, par les Latins, des Grecs, peuples pleins de bon sens et de simplicité. Tous ces romantiques bouleversent les traditions françaises. Je ne conteste ni leur talent, ni même leur génie ; ils nous ont emprunté la langue du seizième siècle, pour nous battre avec nos propres armes ; mais les classiques auront leur Marius !... Espérons-le... Espérons-le... Si cela n'arrivait pas, le génie national serait perdu ! »

Ce bon M. Perrot se désolait ! Telle était alors l'influence de l'éducation classique sur les esprits les plus libéraux : ils ne comprenaient rien à la grande révolution littéraire, qui devait faire pour l'art ce que 89 avait fait pour la politique.

Pendant la saison d'été, notre professeur nous accompagnait souvent à la promenade ; appuyé sur mon épaule et sur son bâton, il galopait comme un cabri ; la joie d'être au milieu de ses élèves le transformait, il devenait presque beau.

Le but ordinaire de la promenade était la scierie, et lorsque nous arrivions sous bois, à l'ombre des hêtres et des sapins, la vallée au-dessous de nous, avec ses grandes prairies à perte de vue, toute jaune de pissenlits et la petite rivière au milieu, comme enfouie sous les hautes herbes, tout en galopant pour gagner la maison forestière, M. Perrot prononçait des harangues et lançait des apostrophes à la nature. Nous lui répondions de notre mieux ; les petits, autour de nous, écoutaient dans l'admiration, et le nouveau maître d'étude, Bastien, un ancien élève de M. Perrot, se mettait aussi de la partie.

Le chant d'une grive, le roucoulement d'une troupe de ramiers sous la haute futaie, le cri d'un épervier à la cime des airs nous faisaient arrêter ; et, le cou replié, nous regardions un instant l'oiseau de proie tracer dans le ciel ses grands cercles en spirale. Ensuite, nous repartions dans le chemin sablonneux ; et lentement, après avoir passé le petit pont en dos d'âne, où les femmes avec leurs charges de feuilles sèches, et leurs enfants avec leurs fagots, s'arrêtent pour respirer, un peu plus loin, au détour de la vallée, nous découvrions enfin l'auberge de la Scierie.

C'est dans cet endroit que notre professeur avait ses abeilles en pension, car c'était un amoureux d'abeilles, de culture, de jardinage et de tout ce qui se rapporte à la vie rustique.

Là, nous cassions une croûte de pain sous la tonnelle, nous buvions un verre de bière. M. Perrot faisait apporter du beurre, une assiette de miel, et nous nous regardions comme des philosophes, des gens au-dessus du vulgaire, des sages :

Lisant au front de ceux qu'un vain luxe environne,
Que la fortune vend ce qu'on croit qu'elle donne !

Ainsi se passaient les dimanches et les jeudis dans ce bon temps.

Quelle différence d'un professeur à un autre ! Et que de reconnaissance on devrait avoir pour l'homme instruit et sympathique qui vous a donné son âme entière, le fruit de son expérience et de son travail, pour développer en vous quelques germes heureux, espérant pour toute récompense obtenir un souvenir... et peut-être un regret après sa mort. Oui, de pareils hommes existent dans nos petits collèges, et savez-vous ce qu'ils reçoivent pour vivre, eux et leur famille ? Dix-huit cents francs par an ! Je le demande à tous les gens de cœur, n'est-ce pas une injustice révoltante ? On voudrait chasser les capacités des collèges communaux, si nécessaires à l'instruction de la petite bourgeoisie, qu'on ne s'y prendrait pas autrement.

Au bout d'une heure ou deux de halte à la petite auberge, lorsque le soleil commençait à s'incliner derrière les montagnes, nous rentrions à Sâarstadt.

Pour en finir avec ma rhétorique, je vous dirai qu'à la fin de l'année j'obtins tous les premiers prix de notre classe.

Cette année-là, je m'en souviens, M. le maire, dans son discours, parla du maréchal de Villars, disant que tous ses triomphes ne lui avaient jamais fait autant de plaisir que les premiers prix remportés au collège. Il cita le mot de Vauvenargues : « Que les premiers feux de l'aurore ne sont pas aussi doux que les premiers sourires de la gloire. » Et je reconnus qu'il avait raison, quand ma mère, mes sœurs, mes frères, M. le curé Hugues, notre bonne vieille Babelô, enfin tous ceux que j'aimais, réunis devant notre porte, vinrent m'embrasser avec des cris d'enthousiasme, en voyant le char à bancs couvert de couronnes. Ah ! le beau jour !...

Toutes ces vacances-là, je ne fis que galoper dans la montagne, tendre des réginglettes aux oiseaux, et pêcher à la main dans la rivière. Je n'étais plus malade ; je ne pensais plus à me faire cordonnier... Il n'y a rien de tel que le succès pour se bien porter et voir l'avenir en beau.

VII

Bien des années se sont écoulées depuis cette histoire, et presque toutes les bonnes gens dont je parle dorment en paix dans la terre ; leur âme, comme disait M. Perrot, recueille le fruit de leurs vertus.

Je le souhaite bien sincèrement pour M. Perrot, car c'était un excellent homme ; mais d'après mon humble façon de voir, aujourd'hui que j'ai vingt-quatre ans de pratique notariale, et que je connais un peu les affaires de ce monde, au lieu de s'en tenir à des généralités, notre professeur aurait bien fait d'introduire dans son cours de philosophie l'étude de quelques lois positives tirées du code civil, du code pénal et du code de procédure, utiles à connaître pour défendre ses droits contre les intrigants qui trop souvent exploitent l'ignorance de la jeunesse.

Enfin, cela n'entrait pas dans le programme du baccalauréat ès lettres, et malheureusement, après sept ans de collège, on sait une foule de choses qui ne vous serviront jamais à rien, et l'on ignore les plus nécessaires : M. Perrot suivait le programme.

La première fois que nous entrâmes dans sa classe de philosophie, il nous annonça joyeusement que, après nous avoir appris à parler, il allait nous apprendre à penser, chose qui distingue l'homme de l'animal.

« Les animaux ne pensent pas ! s'écriait-il. Ces êtres bornés ne se demandent jamais : — Que suis-je ? D'où viens-je ? Que serai-je après la vie ? — Ils ne savent pas même ce que c'est de vivre et de mourir ; et tous les jours, en piochant la terre, le plus pauvre paysan lève son regard mélancolique vers le ciel et se demande : — Qu'est-ce que je deviendrai plus

tard, au cimetière du village, quand mes os vermoulus seront avec ceux de beaucoup d'autres, dans la baraque du fossoyeur ? Qu'est-ce qui m'arrivera ? Qu'est-ce que deviendra mon âme ? — Car nous avons une âme, le dernier malheureux sait qu'il a son âme, et qu'elle est immortelle ! »

En parlant, M. Perrot se frappait la poitrine et criait :

« Elle est là... nous la sentons... Elle nous fait vivre... elle nous fait penser !... Est-ce qu'il existe un être humain assez abandonné du ciel pour ignorer l'existence de son âme et pour ne pas s'inquiéter de ce qu'elle deviendra ? Notre âme est impérissable ; on ne voit que des ossements dans la terre, l'âme s'est envolée, elle est dans les sphères célestes !... C'est une chose reconnue, prouvée par le consentement universel de tous les peuples, un bienfait de la philosophie et du christianisme.

« Les anciens Égyptiens, ne sachant pas qu'ils avaient une âme, faisaient embaumer leurs corps pour les conserver ; ils élevaient des pyramides pour les défendre de la destruction, ce qui montre bien que l'homme éprouve un grand besoin naturel de durer après sa mort. Et cela continua de la sorte, pendant une longue suite de siècles, jusqu'à ce qu'enfin Platon, un véritable philosophe, découvrit l'âme. Tous les autres avant lui n'avaient vu que la matière ; ce génie sublime vit l'esprit, l'idée, l'âme immortelle !

« C'est la plus grande découverte que l'on ait faite depuis l'origine des temps historiques ; elle a créé toutes les religions et toutes les sociétés modernes. Saint Augustin lui-même a reconnu que Platon était un des précurseurs du Christ, et c'est avec justice, car Platon est le créateur de l'idéalisme, l'inventeur de l'immortalité de l'âme, dont Moïse et les plus grands génies de la Bible ne disent pas un mot. Pour eux, un homme mort est bien mort ; et tout au plus les prophètes sont-ils enlevés au ciel sur un char de feu, pour les empêcher de mourir.

« Depuis cette découverte, on n'embaume plus les corps ; on les méprise, ils sont voués à la pourriture.

« Autrefois, les monarques d'Orient seuls avaient l'espérance, moyennant leurs parfums et leurs pyramides, de subsister longtemps après la mort ; aujourd'hui, le dernier paysan a cette consolation de savoir qu'il vivra par son âme immortelle ; c'est ce qui le fait suer, travailler, souffrir sans se plaindre ; et s'il faut reconnaître que la religion seule lui confère cet avantage, il est juste de reconnaître aussi que la philosophie en a eu la première idée, une espèce de révélation surnaturelle, dont Platon lui-même n'a peut-être pas vu toutes les conséquences.

« Pas un journalier ne voudrait travailler la terre pour les autres, s'il n'avait pas une âme qui sera récompensée de ses peines ; pas un soldat ne voudrait se faire tuer pour défendre le bien des riches, s'il n'était pas sûr de revenir dans un monde meilleur.

« Et moi-même, mes chers élèves, croyez-vous que je renoncerais à mes goûts naturels, et que je n'aimerais pas mieux mille fois aller voir mes abeilles, courir les bois, me livrer à la poésie, écrire dans un petit journal les fantaisies de mon imagination, que de venir m'enfermer ici, dans une salle obscure, froide en hiver, chaude en été... Croyez-vous que j'aurais sacrifié ma jeunesse pour une faible rétribution annuelle, si je n'étais pas sûr de jouir un jour du fruit de mon travail ?... Non ! non ! j'aurais fait toute autre chose.

« La conviction de l'immortalité de mon âme me soutient : toutes les injustices, toutes les abominations, toutes les hypocrisies et les mensonges qui blessent souvent notre vue, ne peuvent nous révolter contre les autorités légitimes ; on se dit que c'est un mérite de plus de se supporter avec courage et de se soumettre à la volonté de Dieu, qui nous en récompensera largement.

« Oui, toute la civilisation repose sur ce principe : « que l'âme survit à la destruction du « corps ! »

« Cette conception admirable assure le bon ordre dans ce monde et la justice dans l'autre.

« Les philosophes matérialistes seuls nient l'existence de l'âme ; mais les matérialistes sont des êtres charnels, attachés aux faux biens de la terre ; des ambitieux rongés d'un esprit d'envie et de convoitise, qui voudraient retirer aux peuples malheureux leur unique consolation, pour les soulever contre la société.

« Ils n'ont pas une seule preuve contre l'existence de l'âme, qui nous est attestée par le consentement universel et par le témoignage de notre propre conscience.

« Cela nous suffit ! L'âme est un fait que chacun peut observer à son aise, en y pensant.

« Nous allons commencer notre philosophie par l'étude de l'âme, qui jouit de trois facultés : la sensibilité, l'intelligence et l'activité. »

Voilà, mot à mot, notre première leçon de philosophie, que je viens de copier dans un vieux cahier resté au fond d'une armoire, avec ceux de mes études de droit.

Notre professeur n'apportait jamais la moindre preuve de ce qu'il avançait touchant l'existence et l'immortalité de l'âme, excepté « le consentement universel » et « le témoignage de la conscience ». Il y en a pourtant beaucoup d'autres, et de très-fortes, mais ce n'est pas dans la philosophie de M. Cousin qu'on les trouve.

Pour M. Perrot, la philosophie n'était qu'un exercice de rhétorique ; celui qui parlait le mieux avait toujours raison ; et, comme il nous faisait discuter les uns contre les autres, nous nous poussions des arguments terribles. M. Perrot, lui-même, étonné de notre force, galopait dans la salle, en criant :

« C'est ça !... A la bonne heure, Nablot ! Répondez, Masse, si vous pouvez !... Bon !... bon ! Fameux ! C'est admirable ! — Et vous, Bloum, qu'avez-vous à dire ? Ah ! c'est étonnant ! Je n'ai jamais eu de classe pareille..... Vous méritez tous de concourir à Paris ; vous trouvez des choses qu'on n'a jamais écrites nulle part. C'est tout neuf ! »

La bonne opinion qu'il avait de nous nous exaltait ; nous croyions tous être des Platon, des Socrate.

Après ça, je pense qu'il n'avait pas tort d'envisager la philosophie à ce point de vue ; discuter sur des idées, sans présenter aucun fait positif à l'appui, c'est perdre son temps.

Enfin, cet exercice nous déliait la langue, et plusieurs de nos camarades sont devenus d'excellents avocats.

Je pourrais maintenant vous raconter la visite de M. Ozana, inspecteur venu de Paris, tout étonné de notre loquacité singulière, de notre ardeur à la discussion et de nos arguments nouveaux.

Il me semble le voir aller et venir tout rêveur, en se demandant sans doute s'il devait en croire ses oreilles. Je me souviens qu'il interrogea l'un de nous, dont la voix était plus timide et moins forte que les nôtres, et qu'il lui dit d'un ton de bonne humeur :

« Allons.... allons.... ce n'est pas mal. Vous allez terminer vos études ; quelle carrière voulez-vous suivre ?

— Je voudrais devenir avocat, monsieur l'inspecteur.

— Avocat ! fit-il. Alors, mon ami, il faut faire comme vos camarades, il faut crier ; quand on crie, on ne s'entend pas, et c'est un grand avantage qu'on se donne sur les autres. »

M. l'inspecteur comprenait quelle espèce de

philosophes nous étions ; il avait sans doute la même opinion que M. Perrot en matière philosophique, et finit par lui faire compliment sur sa méthode.

J'aurais bien encore à vous parler de mes examens du baccalauréat à Nancy, et rien ne me serait plus facile que de vous démontrer combien ce système d'examens est absurde, puisqu'il laisse au hasard le choix des questions sur lesquelles chaque élève doit être interrogé, de sorte que si vous avez la main heureuse, si vous tombez par exemple sur l'explication de Virgile, de la *Cyropédie*, et puis en histoire sur le règne de Louis XIV, en géographie sur les détroits de l'Europe, en rhétorique sur quelque chose d'aussi difficile, votre examen est une ânerie dont un élève de quatrième se tirerait très-bien ; et, dans le cas contraire, si vous avez par exemple à expliquer les chœurs de Sophocle et les principes de l'entendement du docteur Kant, de Kœnigsberg, vous êtes certainement refusé d'avance.

J'eus cet horrible malheur ; tous mes camarades passèrent comme une lettre à la poste, et moi je fus renvoyé pour six semaines, à la fin des vacances.

Ah ! si vous aviez vu ma désolation, et comme je pleurais en rentrant à la maison, après onze heures. J'avais fait la route à pied de Sâarstadt à Richepierre. C'est mon père qui m'ouvrit. Il s'était levé bien vite, m'entendant frapper au volet et croyant apprendre la bonne nouvelle.

« Eh bien, fit-il, tu es reçu ? »

Je ne pus lui répondre que par les plus amers sanglots.

Et puis, il fallut se remettre à travailler pendant les vacances. M. Perrot levait les mains au ciel, en apprenant la funeste nouvelle ; il me proclamait son meilleur élève et ne pouvait rien comprendre à cette catastrophe.

La seconde fois, je fus reçu avec la mention *très-bien*, le seul de tous les candidats. Ce n'était pourtant pas en six semaines que j'étais devenu, d'incapable, plus capable que les autres. Que voulez-vous, je n'avais pas eu de chance.

Pour des jeunes gens riches, cela ne signifie rien d'avoir de la chance ou de ne pas en avoir ; pour des pauvres, cela peut entraîner la perte de leur carrière.

On ne doit jamais laisser au hasard seul la responsabilité de faits pareils, lorsqu'il est possible de les éviter par une série de mesures plus sérieuses et mieux entendues. Les épreuves écrites et le concours me paraissent les meilleurs moyens, quoique moins expéditifs.

Plus j'avance, plus il me reste de choses à dire ; mais il faut se borner, dit la rhétorique, et se garder contre les entraînements de la passion.

En conséquence, je me résume.

Ce n'est pas pour mon plaisir que je viens de vous raconter mes années de collége, c'est au contraire avec un grand sentiment d'amertume ; mais je crois que, dans la triste position où nous sommes, tout bon citoyen a le devoir d'éclairer les représentants du pays de son expérience et des observations qu'il a pu recueillir sur une question aussi grave que l'instruction publique.

Les habitudes de l'esprit et du corps que l'on contracte dans sa jeunesse se conservent toute la vie ; mettez un enfant dans la même attitude pendant sept ans, il n'en changera jamais. Or, l'instruction du collége nous donne à tous une attitude que je trouve mauvaise ; en développant outre mesure notre mémoire, aux dépens de l'intelligence et de la volonté, elle tend à produire des fonctionnaires et non des hommes indépendants ; elle ôte toute initiative à l'individu, pour le soumettre à la règle, en un mot elle fait des machines.

C'est la méthode des anciens colléges royaux, perfectionnée autrefois par les jésuites pour s'emparer de notre pays : perdre beaucoup de temps en choses inutiles, laisser ignorer celles qui pourraient émanciper l'homme, en lui fournissant par l'instruction des moyens d'existence assurés.

D'après ce système, les caractères disparaissent ; chacun ayant sa case marquée d'avance et ne sachant comment vivre au dehors, y reste et se soumet à tous les gouvernements qui se présentent. J'ai vu tomber depuis quarante ans Charles X, Louis-Philippe, la République de 48, Napoléon III, et le lendemain de ces catastrophes la machine allait son train comme avant ; les ruines, les fusillades, les déportations, les injustices de toute sorte n'y faisaient rien ; chaque fonctionnaire restait tranquillement à son bureau, prenant note des nouvelles autorités, des nouveaux décrets, des nouvelles mesures, et se gardant bien de plaindre ceux qu'on enlevait !

Mais ce fameux système d'instruction ne produit pas seulement des fonctionnaires qui acceptent tous les gouvernements, dans la crainte de perdre leurs places, il produit aussi les faiseurs de révolutions. L'État ne peut pas employer tous les bacheliers que l'Université fabrique chaque année, un grand nombre restent sur le pavé. Que peuvent faire ces malheureux avec leur grec, leur latin et leur phi-

M. Perrot prononçait des harangues (p. 67).

losophie ? Rien du tout ! On n'en veut pour commis ni dans l'industrie ni dans le commerce ; ils sont déclassés, irrités, et naturellement trouvent tout mal.

Au lieu du grec et du latin, si on leur avait appris les langues vivantes, la comptabilité, la chimie, la mécanique, l'économie politique, la géographie et le droit commercial, ces mêmes hommes iraient, comme les Allemands et les Anglais, chercher fortune dans tous les pays du monde, portant avec eux le nom français, et ne resteraient pas ici en masse pour tout critiquer et renverser !

Beaucoup d'autres, les voyant réussir, suivraient leur exemple ; la grande, la terrible question du riche et du pauvre, qui semble grandir après chaque exécution sociale,

perdrait ses chefs les plus redoutables ; et, l'exemple une fois donné, qui sait si tout ne pourrait pas se calmer et se régulariser avec du temps et de la justice? Les Anglais, qui émigrent et colonisent, n'ont jamais de révolutions; cela mérite qu'on y réfléchisse.

Je crois aussi que, pour avoir de bons maîtres dans nos collèges municipaux, il faudrait leur faire des positions sérieuses. C'est une honte pour notre nation de payer des professeurs comme des garçons de bureau, une grande honte !

En outre, il semble que nous avons tort de mettre une si grande distinction entre l'instruction primaire et l'instruction secondaire, et qu'on devrait au contraire développer l'instruction primaire le plus possible, pour rapprocher le peuple de la bourgeoisie, effacer cette mauvaise idée de défiance et d'envie qui les sépare, et les décider à marcher ensemble.

Napoléon III, pendant ses vingt années de règne, n'a eu qu'un but toujours fixe : diviser le peuple et la bourgeoisie ! Il prenait toutes ses mesures en conséquence, et qu'on le sache bien, puisqu'on ferme les yeux là-dessus, il a parfaitement réussi : c'est dans la division des deux grandes classes de la nation qu'a poussé et vécu le bonapartisme ! Il pourrait y repousser, pour notre honte et notre démenbrement définitifs, si les bourgeois ne se dépêchent pas d'effacer cette division, en instruisant le peuple, en l'élevant, en lui accordant tout ce qui est juste.

UNE VEILLÉE AU VILLAGE

Le défilé de la Zinzell, dans les Vosges, s'étend de Dòsenheim, en Alsace, à Wèchem, en Lorraine.

Je ne connais pas d'endroit plus verdoyant au monde : chênes, hêtres, sapins; lierres et chèvrefeuilles pendus aux rochers; sorbiers aux grappes rouges et grands bouleaux blancs élancés sur les précipices, tout moutonne à perte de vue, tout s'épanouit dans ce long couloir de six lieues.

Matin et soir les merles, les geais, les hautes-grives, les mésanges s'appellent et s'ébattent à travers ces colonnades feuillues, comme dans une immense volière. Au milieu de cette solitude coule la Zinzell.

Rien de plus calme en apparence. On croirait que les petites maisons forestières reculées dans les anses de la montagne n'ont jamais été visitées que par leurs hôtes paisibles : le vieux garde et ses chiens, la ménagère qui suspend son linge aux buissons du jardinet, les enfants qui gardent les chèvres au milieu des rochers; le pêcheur qui se promène lentement derrière les saules vermoulus, son filet sur l'épaule.

Oui, tout paraît devoir être ainsi depuis l'origine des siècles, et pourtant c'est par cette porte ouverte au milieu des Vosges qu'ont passé tous les barbares du Nord, depuis les Tribocks jusqu'aux Prussiens de Bismarck, pour envahir et piller notre malheureux pays.

Or, pendant l'automne de 1848, la digue du moulin de la Kritzmühle, qui se trouve au milieu du défilé, s'étant rompue par l'effet des grandes pluies, on vint m'appeler, comme entrepreneur de travaux, pour la reconstruire. L'eau, tombant dans un ravin profond, avait tout entraîné, la terre et les poutres. Il fallut s'entendre avec les riverains au-dessus et au-dessous du vieux moulin, creuser les prés, déterrer les roches, trouver de nouveaux matériaux.

Bref, je restai là six semaines, à chercher mes ouvriers au loin, puis à me mettre à l'œuvre.

Et puis, il m'aida (p. 75).

Le soir, j'allais me reposer à l'auberge du père Ykel.

Représentez-vous, parmi les chaumières qui longent l'antique couvent en ruine, une vieille masure décrépite, avec grange, écurie et hangar. Au fond du hangar des filets sèchent, pendus aux poutres, des poules dorment la tête sous l'aile, des lapins courent dans l'ombre.

On entre dans la maison par la cuisine; l'escalier de bois monte à droite; et la vieille salle d'auberge, à gauche, toute basse, est tellement encombrée de sa longue table, de ses bancs, de son armoire, de son fourneau et de son fauteuil à crémaillère, qu'on ne sait pas où se mettre.

Tous les soirs, en revenant à la nuit close,

après avoir congédié mes ouvriers, je trouvais au bout de la table mon assiette de faïence et mon petit couvert d'étain, en face d'un énorme plat de fricassée de poulet, de civet d'écureuil ou de truites au bleu; la bouteille de vin blanc et la grosse miche de pain bis à côté.

J'étais le seigneur de la maison. Les autres, père, mère, enfants, y compris la jolie cuisinière Charlotte, mangeaient des pommes de terre en robe de chambre et du lait caillé.

Les enfants auraient bien aimé du civet ou de la truite; chaque fois, ils se retournaient sur leur banc et lorgnaient du coin de l'œil mon écuelle, en se passant le revers de la manche sous le petit nez humide. Je leur faisais signe de venir; mais le père Ykel criait:

10

« Halte ! » disant qu'ils mangeraient de l'écureuil et de la truite quand ils sauraient en prendre eux-mêmes.

Cela me saignait le cœur; mais le vieux ne riait pas, il restait inflexible.

Nous mangions donc en silence; le feu pétillait, les fourchettes allaient et venaient; la lampe fumeuse éclairait les figures jeunes et vieilles, graves ou riantes, les yeux éteints par l'âge ou brillants de jeunesse. Elle éclairait aussi vaguement les écheveaux de chanvre en train de sécher au plafond, et le grand chien de chasse maigre, assis sur son derrière, le nez allongé vers mon écuelle, attendant un os, qu'il happait toujours au vol et croquait en deux coups de mâchoire.

Dehors, pas un bruit autre que le bourdonnement de la rivière; la nuit était si sombre sous les roches, qu'on n'y voyait pas même miroiter les flaques d'eau en temps de pluie. Pas un passant !

Personne ne sortait pour son plaisir; et notre repas fini, la nappe levée, le sommeil commençait à nous gagner, lorsque, dans le lointain, se faisait entendre un bruit de sabots le long des murs. C'était le vieux contrebandier Jean Hurel, surnommé le Manchot, qui venait avec sa casaque en peau de chèvre et son bâton ferré. Le pauvre homme avait perdu son bras gauche dans une rencontre avec les douaniers; c'était une vieille histoire. Il s'asseyait dans un coin et bourrait sa pipe, pendant que Charlotte lui servait un verre d'eau-de-vie.

Quelques instants après, venait le grand Fix, en veste et pantalon de toile bleue, la barbe rousse, son large feutre aplati sur la nuque. On le disait mal noté par la gendarmerie, parce qu'il vendait du gibier à tous les hôtels de Saverne, de Haguenau et de Sarrebourg; depuis trente ans la brigade le guettait, sans avoir jamais pu le prendre. Toute sa nichée d'enfants, sous les roches, roux, adroits et hardis comme lui, faisaient le même trafic; la mère les aidait; c'était pire que des renards. Fix s'asseyait tranquillement, et prenait un, deux, trois verres d'eau-de-vie, en rêvant à je ne sais quoi.

Quelquefois d'autres aussi venaient : le maître d'école Jérôme, un grand vieillard osseux et voûté, l'air triste; et puis des bûcherons : Jean-Claude Machette, Nicolas Rochart, Laurent Bastien, de véritables têtes d'apôtres, graves, pensives et sévères, mais qui ne jouissaient pas non plus de la meilleure réputation, ayant l'habitude de vendre des petits sapins aux houblonnières d'Alsace et des fagots de bois vert à tous ceux qui voulaient en acheter.

Ces gens soutenaient que le bois, le gibier et le poisson sont à tous ceux qui mettent la main dessus. Ils ne causaient pas beaucoup, étant rêveurs de leur nature, et durant de longs quarts d'heure on n'entendait que le rouet de la mère Catherine.

Mais un soir qu'il pleuvait à verse et que le vent se démenait sous les roches, tout à coup le père Ykel, se réveillant de sa méditation, s'écria :

« Voilà le même temps que la nuit où les alliés ont passé.... Les gueux allaient à Wéchem, avec leurs chevaux, leurs voitures et leurs canons; les officiers criaient sur la route : « Par ici !.... par ici !.... » car on ne voyait pas le bout de son nez; les flambeaux de sapin s'éteignaient l'un après l'autre; ils se seraient tous perdus dans le bois. Quel vent et quelle pluie il faisait !

— Oui, dit le Manchot au bout d'un instant, en attirant la lampe pour allumer sa pipe; seulement il avait neigé depuis quinze jours, et la neige fondante grossissait les rivières. »

Après cette réflexion, il se tut, le nez en l'air, lançant de grosses bouffées au plafond; et comme la conversation allait en rester là, je lui demandai .

« Vous vous souvenez de cela, père Hurel? Il s'est pourtant passé pas mal de temps depuis 1814 !

— Si je me souviens des alliés, dit-il en clignant de l'œil, je crois bien; ils m'ont coûté assez cher! J'étais justement à Sarrebrück, avec ma charrette pleine de contrebande : du café, du sucre, du tabac ; j'attendais une bonne occasion pour traverser la dernière ligne. Dans ce temps-là, c'était encore la peine de faire le commerce, le sucre se vendait trois livres dix sous et le Saint-Domingue n'avait pas de prix.

« Nos derniers régiments arrivaient de Coblentz. Ils avaient gardé le Rhin jusqu'au 1er janvier : un peloton par-ci, un peloton par-là, dans les îles, au milieu du brouillard.

« Les autres : Saxons, Bavarois, Russes, Prussiens, se réunissaient en masse à Francfort. Et voilà qu'on apprend du jour au lendemain que les Autrichiens ont passé par la Suisse et qu'ils tournent déjà les Vosges. Et ce même jour nous entendons à Sarrebrück le canon de Mayence; les alliés se mettaient en marche de notre côté tous à la fois; les nôtres se repliaient sur la Sarre.

« Il fallait voir ces files d'hommes, à pied,

à cheval, presque tous malades ou blessés, arriver dans la boue jusqu'au ventre, criant, jurant, demandant du pain, de l'eau-de-vie, de tout !... Et la Sarre débordée, pleine de glaçons ; et les coups de canon qui se rapprochaient, il fallait les entendre !

« Nos soldats, en se retirant, avaient fait sauter le pont entre Saint-Jean et Sarrebrück ; ils avaient détruit tous les bateaux, pour empêcher les Kaiserlicks de traverser la rivière.

« C'était une fameuse idée !...

« Mais voilà qu'au moment où les tirailleurs ennemis commençaient à se montrer de l'autre côté, tout à coup le général se met à jurer comme un diable : il venait d'apercevoir avec sa lunette un bateau qu'on avait oublié dans un petit renfoncement, sous une touffe de saules. Nous n'avions pas de canon pour le détruire.... Si les Kaiserlicks le découvraient, rien ne pourrait les empêcher de traverser la Sarre pendant la nuit et de tomber comme des loups au milieu de nos bivacs !

« Comment faire pour le ravoir ?

« Un lieutenant du 6e léger, nommé Bretonville, et trois vieux soldats se sacrifient ; ils se jettent à la nage.

« Moi, je regardais les bras croisés. Un des soldats passe sous les glaçons.... Bon.... il descend du côté de Trèves !.... Un autre battait de l'aile ; il tourne, et puis bonsoir !... Le dernier revenait, on lui tendait des perches. Le lieutenant seul traversait le courant.

« Alors je me dis : « Hurel, si ces gueux passent, ils pilleront ta charrette... Montre que « tu es Français ! » J'avais encore mes deux bras. J'ôte mes souliers, ma blouse, ma veste, et me voilà parti ! Quel froid il faisait dans cette eau de neige !... vous ne pourrez jamais le croire. En levant le nez, je ne voyais que glaçons sur glaçons, comme des tuiles sur un toit ; et le vent soufflait, il vous aveuglait ; le courant aussi était terriblement fort.

« La nuit venait, je ne voyais plus clair, quand j'entends, à cinq ou six brassées devant moi, quelqu'un me dire : « Courage, camarade ! » et je vois le lieutenant, la main sur le bateau, pâle et bleu comme un mort ; il n'avait plus la force de grimper dessus ; c'est moi qui lui donnai le coup d'épaule, et puis il m'aida, et nous n'eûmes rien de plus pressé que d'empoigner les rames et de revenir.

« Les soldats du 6e criaient : « Vive le lieutenant Bretonville ! » Naturellement les Kaiserlicks, qui nous voyaient emmener le bateau, tiraient sur nous de toutes les fenêtres. Pif !... paf !... les balles sifflaient, l'eau sautait de tous les côtés ; mais les nôtres, embusqués le long de la rivière, répondaient ferme et empêchaient les Allemands de sortir des maisons.

« En arrivant de l'autre côté, j'étais raide comme un glaçon. Je pris mes souliers, ma blouse, ma veste, et, sauf votre respect, j'entrai presque nu à l'auberge du *Mouton d'or*, où le vieux Mériâne me prêta des habits. Il fallut un bon verre d'eau-de-vie pour me remettre. Dehors, la bataille continuait au milieu de la nuit.

« Vers dix heures, après m'être bien séché et réchauffé, comme j'allais sortir atteler mon cheval et me mettre en route, le père Mériâne accourut me dire que les douaniers entouraient ma charrette : on m'avait dénoncé !

« Tout ce que j'avais de mieux à faire, c'était de filer par les chemins de traverse, abandonnant tout : le cheval, la voiture et le reste, car les gueux m'auraient encore empoigné par-dessus le marché et condamné à des amendes terribles ! Je partis donc, bien triste, comme vous pensez. J'étais ruiné ; il ne me restait que ma maison, une vache, un cochon, ma femme et cinq enfants.

« Lorsque j'arrivai au Graufthâl, les Cosaques, les Wurtembergeois, toute la mauvaise race remplissait la vallée. Ils étaient entrés par Dôsenheim, et si le commandant Meunier, à Phalsbourg, avait eu seulement quinze cents hommes, il aurait pu les arrêter tous ici et les balayer à coups de canon, comme de la paille, mais il n'avait personne. Le vieux Paradis, quelques canonniers de marine, Desmaretz l'Égyptien, Desplanches le barbier et quinze ou vingt autres bons garçons faisaient seuls le service des pièces. Ils sortaient ramasser le bétail aux environs et rentraient bien vite. Par bonheur, le vieux Rochart avait emmené ma vache avec les autres, sous la roche de la Bande-Noire, sans ça j'aurais tout perdu. N'est-ce pas, Rochart ?

— Oui, dit le bûcheron, mon père a sauvé le bétail de la commune ; mais ça n'a pas empêché les gens, en février et mars, de mourir comme des mouches, à cause du froid, de la faim, et de la grande maladie qui suivait les Kaiserlicks, avec des bandes de loups, pour manger les morts qu'on n'enterrait pas assez profond. Ça n'a pas empêché non plus les enfants venus les années suivantes de rester minables jusqu'à la fin de leurs jours.

« Et pendant la chère année, il a fallu changer la place du cimetière derrière l'église, parce que, à force d'avoir souffert, tous les vieux s'en allaient. Nous n'avions plus rien, les Allemands avaient tout pris ; ils avaient démonté jusqu'aux serrures, jusqu'aux gonds des fenêtres. Les bêtes périssaient aussi faute de fourrage. On cuisait les orties et même les chardons pour légumes ; sans bétail, on n'a pas d'engrais, la mauvaise herbe prend le dessus, il faut bien en vivre.

« Et plus on souffrait, plus les impôts augmentaient, pour rendre leurs biens aux émigrés ; plus la partie forestière devenait dure envers les pauvres. On n'osait plus ramasser les feuilles mortes, ni les glands, ni les faînes ; on aurait dit que nos rois légitimes voulaient notre extermination et qu'ils s'entendaient avec les alliés pour nous détruire. Les processions, les expiations, les pèlerinages devaient tout remplacer, avec les miracles. Tous les curés faisaient des miracles : tous les saints de pierre et toutes les saintes de plâtre et de bois des environs versaient des larmes sur nos péchés et la grande rébellion de vingt-cinq ans. Les femmes, qui n'ont pas de bon sens, couraient voir ; la mienne voulut aussi faire comme les autres, mais elle se souvient encore de la raclée terrible qu'elle reçut en rentrant dans la baraque.

« Naturellement, les missionnaires nous prêchaient l'abstinence, à nous autres pauvres diables qui n'avions que la peau et les os ; ils nous reprochaient notre gourmandise, avec des figures luisantes de graisse.... Ah ! oui, nous en avons vu de dures sous les Bourbons !... »

Alors, tout le monde se tut, rêvant à ces grands malheurs.

Dehors, la pluie redoublait, fouettant les petites vitres avec un grelottement bizarre ; et le vent s'engouffrant dans le défilé, entre les rochers et les bois, poussait des clameurs immenses.

« Ils étaient donc beaucoup, ces Kaiserlicks, pour nous avoir repoussés si loin ? » dis-je en regardant Hurel.

Et lui, levant la main au plafond, s'écria : « Beaucoup !... Ils étaient par milliers de milliasses ; avec des lances, des sabres, de longs pistolets pendus à la selle, des bonnets en peau d'ours ; et puis d'autres à pied, avec des fusils sans baguette, où la cartouche descendait toute seule, en toquant la crosse par terre, des bleus, des blancs, des gris, des verts, en schako, en casquette plate, est-ce que je sais, moi ? Tenez, fit-il en montrant la vallée, il en passait tellement, qu'à la fin ils s'encombraient eux-mêmes, et que leurs officiers les faisaient coucher là, dans le grand pré, les uns contre les autres, depuis Dosenheim jusqu'à Wéchem, et que vous n'auriez pas fait un pas sans marcher dessus, sur

une longueur de trois lieues.

« Et ces gens ne s'entendaient pas plus entre eux, en parlant, que les animaux de toute espèce, qui miaulent, qui gloussent, qui bramen, qui hennissent, sans se comprendre. Mais leurs rois s'entendaient pour les mener contre nous ; eux, ils n'en savaient rien, les pauvres misérables ; ils allaient en avant à coups de botte et de cravache. Jamais je n'aurais cru qu'il existait tant de monde sur la terre... D'où venaient-ils ?... d'où venaient-ils ?... Voilà ce que je me demande.

— Oui, dit le Grand Fix, mais il en est resté pas mal à Brienne, à la Rothière, à Champaubert, à Montmirail !... Si vous aviez été au 34e de ligne, vous en auriez vu des tas d'habits de toutes les couleurs, sur la neige et dans la boue, le long des chemins. Par exemple, il fallait marcher ! Nous tombions tantôt sur les uns, tantôt sur les autres, en faisant douze à quinze lieues par jour. Si le roi Joseph ne s'était pas sauvé, avec l'impératrice et le roi de Rome, et si Paris ne s'était pas rendu, nous aurions fini par les tourner tous et les prendre comme dans un filet.

— Bah ! fit le vieux maître d'école en hochant la tête, toutes ces batailles ne signifiaient plus rien ; nous étions perdus d'avance, les traîtres nous avaient vendus... »

Ces paroles m'étonnèrent.

« De quels traîtres parlez-vous donc, maître Jérôme ? lui dis-je.

— Hé ! fit-il, des royalistes... Il n'y en a pas eu d'autres dans notre pays, depuis 89. »

Et comme je le regardais tout surpris :

« Est-ce que Dumouriez, qui voulait entraîner l'armée du Nord contre la Convention, et proclamer Louis-Philippe d'Orléans roi de France, n'était pas un royaliste ? reprit-il en fixant sur moi ses gros yeux un peu troubles. Et les émigrés qui marchaient à l'avant-garde de Brunswick, en Champagne, et de Wurmser, en Alsace, est-ce que ce n'étaient pas des royalistes ? Et Pichegru, est-ce qu'il n'était pas royaliste, quand il traitait avec le prince de Condé, pour rétablir le roi légitime, moyennant le titre de connétable, des majorats et des millions pour lui et les siens ? Et Moreau, le grand Moreau ! est-ce qu'il n'avait pas été converti au royalisme par sa femme, avant d'aller prendre le commandement de l'armée russe devant Dresde ? Et Bourmont, cet abominable scélérat, qui a fait manquer la campagne de Belgique, en prévenant Blücher de l'approche de l'armée française, est-ce que ce n'était pas aussi un royaliste, un *blanc*, comme on disait dans ce temps-

Les traîtres nous avaient vendus (p. 77).

là ?...... Est-ce que les Bourbons ne l'ont pas récompensé plus tard de sa belle conduite ?...

« Tous les Français qui ont porté les armes contre la France, tous ceux qui ont appelé l'ennemi chez nous depuis 89 et qui lui ont ouvert nos portes étaient des royalistes ! Ces choses sont connues de tout le monde. Les royalistes mettent le roi au-dessus de la patrie, parce qu'avec un roi ils sont les maîtres ; ils ont les places, les honneurs, l'argent, les priviléges, enfin tout ! Ils sont rois chacun dans leur ville, ou dans leur village. — S'il arrivait par hasard un roi patriote, qui mît l'intérêt de la nation avant celui des nobles et des prêtres, les royalistes seraient les premiers à le combattre ; ils le traiteraient de Jacobin !... Vous devriez savoir cela mieux que

moi, monsieur l'entrepreneur, puisque vous avez fait vos études. »

Ainsi parla le vieux maître d'école ; et tous les autres lui donnaient raison.

Moi, je ne savais quoi répondre.

A la fin, comme j'allais entamer le chapitre de 1815, le passage des deux empereurs et du roi de Prusse, le père Jérôme, m'interrompant, dit en vidant les cendres de sa pipe au bord de la table :

« Vous êtes bien à votre aise, monsieur l'entrepreneur, pour causer jusqu'à demain ; mais nous, c'est autre chose, il faut rentrer à la maison... Écoutez cette pluie, comme elle tombe ! Hé ! Fix, Rochart, venez-vous ? »

Il s'était levé, sa grosse tête chauve touchait les poutres de la baraque.

Hurel vida son verre, Fix et Rochart en firent autant, et tous les quatre ensemble sortirent par la cuisine, où le père Ykel les suivit la lampe à la main; et, la porte à peine ouverte, la lumière tremblotante éclaira les quatre montagnards, qui se sauvaient dans ce déluge, le dos rond, la main sur le feutre ou le bonnet.

Un coup de vent referma la porte; toute la vieille masure en trembla, et Ykel, revenant les yeux plissés, dit :

« Hé! hé! hé! vont-ils en recevoir avant d'arriver chez eux!... Allons, Catherine, il est temps de dormir... Si monsieur l'entrepreneur veut encore rester...

— Non, père Ykel, je suis comme vous, j'ai sommeil.

— Eh bien, prenez la lampe; nous trouverons bien notre lit. »

Je montai le vieil escalier, écoutant le vent pleurer au dehors d'une façon lamentable. L'idée de toutes les misères humaines, de la guerre, de la peste, de la famine, de la trahison et de la bêtise me remplissait la tête; j'en étais vraiment désolé. Pourtant, une fois couché, le bonnet de coton sur les oreilles et la couverture sur l'épaule, je finis par m'endormir à la grâce de Dieu !

LE

PATÉ DE LAPIN

Un matin du mois d'août dernier, mon ami Desjardins, médecin à Saverne, feuilletait son registre d'ordonnances, lorsqu'un grand gaillard à longues moustaches rousses parut sur le seuil et s'arrêta tout embarrassé. Comme Desjardins lui demandait ce qu'il voulait, l'autre, poussant des soupirs, lui montra sa bouche ouverte, en écarquillant ses yeux gris. Il finit par sortir de sa poche un billet conçu en ces termes :

« Mon cher monsieur Desjardins,

« Je vous adresse un Prussien, le nommé Menschenfresser, garde forestier à la scierie, lequel a dans le gosier un os triangulaire qu'il s'est ingurgité lui-même en mangeant du pâté. J'ai déjà fait mon possible pour le débarrasser de cet obstacle à l'introduction des aliments, soit en le poussant en bas, soit en le tirant en haut; mais, attendu que j'ai senti qu'en le tirant trop fort, l'estomac montait avec l'os, j'ai dû suspendre mes tentatives. Dans l'espérance que vous serez plus heureux, j'ai l'honneur d'être votre tout dévoué

« Antoine Ruddo,

« Vétérinaire. »

Cette lettre éclaircissait la question.

Desjardins fit asseoir le Prussien dans un fauteuil, en face de la fenêtre; il examina soigneusement la position de l'os, qu'il reconnut être un os vertébral de lapin, dont les pointes se hérissaient en quelque sorte au fond du gosier. Les tractions exercées par le vétérinaire avaient fait enfler les parties voisines; Desjardins essaya pourtant aussi de tirer l'os avec une pince à long bec; mais, ayant remarqué comme Ruddo que l'estomac suivait, il déposa sa pince et dit :

« Il faut, mon garçon, que je vous fasse une petite ouverture sur le côté, pour sortir l'os; sans cela, vous ne pourrez plus manger ni boire de votre vie. »

Et l'autre, quoique avec une grimace désolée, fit signe qu'il y consentait.

Desjardins alors envoya chercher le barbier Laquenette, qui l'assiste dans toutes les grandes circonstances, puis il commença l'opération séance tenante, en disséquant le cou du Prussien par couches régulières, depuis la mâchoire inférieure jusqu'à la pomme d'Adam, chose absolument nécessaire, car, en entamant d'une ligne trop haut, il lui coupait la jugulaire, d'une ligne trop bas la carotide, et d'une ligne de côté les cordes vocales, ce qui l'aurait empêché de souffler mot jusqu'à la fin de ses jours.

Cela demandait donc de la prudence, et Desjardins, arrivant ainsi progressivement sur l'œsophage, n'eut plus qu'à faire une petite incision en long, à saisir l'os et à le tirer du canal, ce qui parut causer un sensible plaisir à Menschenfresser.

Après quoi Desjardins, ayant recousu le tout proprement, reconduisit lui-même son malade à l'auberge forestière, où cet étranger prenait sa nourriture, lui recommandant bien de ne rien avaler durant un mois que du bouillon, s'il ne voulait pas rouvrir sa blessure, ce qui serait fort grave.

Or, quinze jours environ après cet événement, je me trouvais à dîner chez le docteur. Il m'avait raconté l'histoire de Menschenfresser, et, tout en prenant le café, nous causions de la gloutonnerie extraordinaire de nos conquérants.

Desjardins est très-attentif à suivre ses opérations, même lorsqu'il sait d'avance qu'elles ne lui rapporteront pas un centime.

« Si nous allions voir mon Prussien ? dit-il tout à coup. Je n'ai plus de visites à faire aujourd'hui... ça nous promènerait... Qu'en penses-tu ?

— Volontiers, lui répondis-je; une petite course après dîner fait toujours du bien.

— Colas ?... Hé ! Colas ?... »

Colas, le palefrenier du docteur, était dans la cuisine.

« Monsieur le docteur ? dit-il en entr'ouvrant la porte.

— Attelle... je vais à la scierie. »

Desjardins sortit derrière Colas, après avoir mis son petit frac de coutil et son chapeau de paille.

Je le suivis.

Il aida lui-même à serrer les sangles de sa jument grise; il regarda si tout était bien à sa place ; puis, s'étant assuré que rien ne manquait, il me fit signe de monter, et nous partîmes au petit trot.

Il faisait un temps superbe. Vingt minutes après, nous entrions sous bois, et Grisette, la croupe en l'air, le col arrondi, galopait à l'ombre des sapins.

Desjardins, tout en conduisant, fumait sa pipe, et moi, bien assis sur le gros coussin de cuir, je regardais les arbres défiler le long de la route.

Bientôt l'auberge forestière de Mathis, avec son toit en auvent, son rucher, ses étables et ses hangars, se découpa sur la verdure du Fâlberg. Le petit chien-loup Ragot sortit de l'allée en aboyant de sa voix criarde, et presque aussitôt M. Mathis et sa femme parurent sur le seuil, nous saluant de la main.

« Hé ! monsieur le docteur, dit le père Mathis au moment où la voiture s'arrêtait sous le grand poirier couvert de fruits, vous venez voir votre malade ?

— Oui, c'est pour cela que j'arrive.

— Ah ! vous n'avez qu'à entrer, monsieur Desjardins; il est justement en train de dîner, il mange comme un ogre.

— Qu'est-ce qu'il mange ? demanda le docteur. De la soupe ?

— Non, monsieur, des petits oiseaux.

— Des petits oiseaux !...

— Oui ! le gueux a pris hier à la pipée quatre douzaines de mésanges, et il a forcé ma femme de les faire cuire... Ma foi, ça le regarde ! »

Ainsi parlait le brave homme en souriant.

« Charles, va donc tenir la bride du cheval de M. le docteur, » reprit-il en s'adressant à son fils.

Desjardins était stupéfait.

Nous montâmes les cinq marches de l'escalier, et, par la porte ouverte, nous vîmes dans la grande salle du bas Menschenfresser assis devant un plat de becs-fins rôtis, qu'il mangeait en croquant les os et faisant de temps en temps un petit effort pour avaler, comme les canards lorsqu'ils gobent des hannetons. La graisse lui coulait du menton jusque dans la cravate.

Cette vue rendit Desjardins pâle d'indignation.

« Comment, malheureux ! s'écria-t-il ; ne vous ai-je pas prévenu de ne prendre que du bouillon durant un mois ? Vous voulez donc rouvrir votre blessure ?

— Oh! ça n'est rien, répondit Menschen-fresser en regardant de côté, ça n'est rien, monsieur le docteur ; ça racle un peu, mais ça passe tout de même.

— Ah ! ça passe tout de même ! fit Desjardins. Eh bien, mon garçon, ne vous gênez pas ; du moment que ça passe, tout est pour le mieux ; mais s'il vous arrive de nouveaux accidents, vous irez chercher un autre médecin. »

Et il sortit sur la porte.

M. Mathis riait de bon cœur.

« Voyez-vous, monsieur Desjardins, disait-il, pour manger et avaler, ces Prussiens n'ont pas leurs pareils ; il leur faut des tas de nourriture qui feraient peur à quatre de nos batteurs en grange. N'est-ce pas, Marie-Anne ?

— Oui, dit la mère Mathis ; celui-ci mange autant de pommes de terre et de lait caillé, sans parler de la viande, que le tonkin que nous avons en graisse. Nous ne gagnons rien sur sa nourriture, allez !...

— Je vous crois ! » répondit Desjardins.

Il regardait du coin de l'œil Menschenfres-ser, qui continuait de manger des deux mains, les coudes sur la table et le nez dans son assiette, comme tous les Allemands, car c'est à leur manière de manger qu'on reconnaît ces gens pour des barbares. Les hommes civilisés portent la nourriture à leur bouche ; eux, ils la cherchent avec leur mâchoire, comme les bêtes !

« Et l'on appelle cela des spiritualistes ! s'écria tout à coup Desjardins en éclatant de rire, un peuple de spiritualistes !... Quelle farce !... Arrive, Georges, nous n'avons plus rien à faire ici ; cet animal me dégoûte ! »

Il descendait l'escalier.

« Ma foi, lui dis-je en le suivant, tu as bien raison ; tous ces Allemands ne pensent qu'à s'emplir ; c'est une race de goinfres. Si l'Europe ne se met pas en travers, ils l'avaleront morceau par morceau.

— C'est possible, répondit Desjardins redevenu pensif ; mais il ne suffit pas d'avaler, la grande affaire est de digérer ; gare aux indigestions !... Sans parler des os qui vous restent dans la gorge et qui nécessitent parfois des opérations très-dangereuses... »

Nous étions arrivés près de la voiture. Deux minutes après, nous roulions du côté de Saverne.

L'EXILÉ

Après quatre ans d'exil, étant devenu vieux,
J'aurais voulu revoir un seul jour ma patrie.
J'étais à Wissemba, près de Sainte-Marie,
Faible, triste, malade, et chaque jour mes yeux
Se tournaient vers la terre où dorment les aïeux.

Ils sont là ! — me disais-je assis à la fenêtre, —
Derrière les sapins, à l'angle du rocher;
Tu pourrais en deux pas retrouver ton clocher,
Et quelques vieux amis, qui t'attendent peut-être
Pour te serrer la main avant de se coucher.

11

Et tout un long hiver se passa dans ce rêve !
Tous les jours oubliés se réveillaient en moi :
Le foyer, les enfants, cette nouvelle séve
Qui rajeunit le cœur quand notre temps s'achève,
Tout me disait : « Reviens !... reviens... dépêche-toi ! »

Au retour du printemps, quand déjà dans la plaine
Reverdissent les champs, les vergers et les bois,
Quand du fond des hangars on tire les charrois,
Et qu'on suspend au clou le vieux sayon de laine,
Au temps où tout s'éveille et bourdonne à la fois...

Une nuit, arrivant de la plaine d'Alsace,
Le vieux juif Samuel et son frère Éliace
Frappèrent attardés au seuil de la maison.
Chaque année ils venaient, comme l'oiseau qui passe,
Visiter le pays dans la même saison.

Le village dormait. Moi, seul dans ma chaumière,
Je rêvais tristement, regardant tournoyer
Quelque reste de feu dans le sombre foyer.
Le sommeil descendait sur ma lourde paupière,
Et mon front lentement commençait à ployer,

Quand le bruit m'éveilla. J'allai voir à la porte.
« Nous arrivons de loin ! s'écria Samuel ;
Voyez, père Laurent, quelle boue on apporte
En allant à Saint-Dié, par ce temps de dégel.
— Soyez les bienvenus ! » dis-je aux fils d'Israël.

C'étaient de bonnes gens, et j'aimais ces figures
Où l'âge et la fatigue avaient gravé les plis
Des bons, des mauvais jours, des devoirs accomplis
A travers le mépris et souvent les injures
Des peuples ignorants, par leurs chefs avilis.

Ils avaient déposé le fardeau du voyage ;
Devant le feu dormaient leurs pieds appesantis.
La brindille du hêtre, une feuille, un branchage,
Se rallumant parfois, éclairait le visage
Des vieux juifs fatigués près de l'âtre blottis.

« Les temps sont durs ! leur dis-je. Autrefois, sur ma
Les voyageurs trouvaient un bon verre de vin ; [table,
Je pouvais leur offrir et le sel et le pain.
J'avais quelque bétail au fond de mon étable,
De l'herbe dans mon pré, des fruits dans mon jardin.

Et ma vieille Lisbeth, toujours vaillante et forte,
Qui dans tous nos malheurs avait suivi mes pas ;
Elle veillait à tout, préparait mes repas,
Faucillait le matin, le soir fermait ma porte.
Aujourd'hui je suis seul, la pauvre femme est morte,

Et j'attends à mon tour l'heure du grand sommeil.
Dieu veuille que pour nous il n'ait point de réveil !
Que nous ne voyions point la misère nous suivre
Au delà du tombeau, dans un monde pareil !
— C'est vrai ! dit Samuel, on est bien las de vivre...

Après ce qu'on a vu, si l'on pouvait dormir
Et perdre du passé le triste souvenir,
Loin des gens, loin du bruit et des cris de la foule,
A l'ombre des sapins, près d'une eau qui s'écoule,
Ce serait pour nous tous le meilleur avenir !

Que faisons-nous ici, nous, pauvres vers de terre !
Les peuples ne sont bons qu'à payer les impôts,
A donner à des rois leurs enfants pour la guerre...
Une fois étendu dans un coin solitaire,
On jouirait au moins d'un instant de repos ! »

Comme il parlait, j'allais, je venais en silence,
Songeant qu'ils avaient vu le beau pays Messin,
Où ma mère, en chantant, m'a bercé sur son sein,
Où mes fils sont tombés en défendant la France !...
De les interroger je conçus le dessein.

« Le printemps reparaît dans la haute montagne,
Leur dis-je en soupirant ; l'alouette a chanté.
Cette année au Donon le dégel s'est hâté.
Vous avez dû revoir... là-bas... en Allemagne,
La Moselle et la Sarre inonder la campagne ;
Le départ des corbeaux annonce un bel été...

On prépare la grange, on vide l'écurie ;
Après les jours brumeux, la maison s'approprie.
Les enfants vont dehors respirer le grand air ;
Ils chantent au soleil, c'est la fin de l'hiver !...
Ont-ils un souvenir de la vieille patrie,
Et notre vieux drapeau leur est-il toujours cher ?

Et savent-ils que nous, enfants de la Lorraine,
Leurs aïnés, nous allons où le vent nous entraîne,
Chassés de notre ciel par nos durs ennemis,
Sans foyers, sans parents, dévoués à la haine,
Et reprochant à Dieu tout ce qu'il a permis ?

Oui ! je voudrais savoir, avant ma dernière heure,
Si le règne du crime, à jamais établi,
Nous condamne à la honte, à l'exil, à l'oubli,
Ou si dans nos maisons quelque vertu demeure,
Qui puisse ranimer, avant que je ne meure,
Le sentiment du droit, dans les cœurs affaibli ! »

Je me tus, et longtemps, à la pâle lumière
Du sapin flamboyant dans le sombre réduit,
Nous restâmes pensifs, en écoutant le bruit
De la bise du soir pleurant sur la chaumière,
Et le grillon chanter son refrain dans la nuit.

« Là-bas, père Laurent, dit enfin Éliace,
Le merle siffle encore à l'ombre des grands bois,
Et les échos joyeux répondent à sa voix.
Tout pousse comme avant dans la plaine d'Alsace,
Mais on ne chante plus chez nous comme autrefois.

Nos fermes, nos hameaux, nos villes, nos fabriques,
Que le rude vainqueur tient sous un joug d'airain,
Qu'on y parle allemand ou bien patois lorrain,
Qu'on y soit protestants, ou juifs, ou catholiques,
Des bords de la Moselle à la rive du Rhin,

Tout est resté Français de cœur et d'espérance !
Croyez-moi bien, Laurent, à part quelques bandits
Dont les noms parmi nous seront toujours maudits,
Tout se redresserait à l'appel de la France.
Mais quand entendrons-nous le cri de délivrance ?...

Quand, du fond des vallons remontant jusqu'à nous,
Le tonnerre lointain dira-t-il : « Levez-vous !...
« La France arrive !... Allons, courez à sa rencontre..
« Voici vos exilés... Debout !... Levez-vous tous...
« Que tout cœur patriote à cet instant se montre... »

Oui, quand ?... En attendant, l'ennemi sous sa main
Nous courbe jusqu'à terre et quelquefois nous brise,
Et sa plus grande force est ce qui vous divise !
Vos luttes de partis font rire le Germain ;
Il compte en profiter pour prendre le chemin

De la Champagne, ou bien de la riche Bourgogne,
Et vous les arracher peut-être en quelques jours !
A quoi vous serviront alors tous les discours

De votre ordre moral et sa triste besogne ?...
La France ne sera qu'une grande Pologne.

Ah ! que vous seriez forts, si vous étiez unis
Dans l'amour de la France et de la République ;
Si vous ne pensiez tous qu'à la chose publique,
A vos frères captifs, à vos drapeaux ternis...
Les rêves du Teuton seraient bientôt finis.

Mais avant la patrie, on met ses priviléges,
Son roi, son prétendant, ou son ambition...
On pousse le pays à la division,
Quand les gens de Bismarck, embusqués dans leurs
Le fusil à la main, guettent l'occasion ! »   [piéges,

Ainsi parla le juif. Et puis dans le silence
Nous retombâmes tous, rêvant à nos malheurs,
A l'Alsace-Lorraine... à notre décadence...
A la grandeur passée !... et criant dans nos cœurs :
« Français, unissons-nous !... Français. sauvons la
                                              [France !... »

TABLE DES MATIÈRES

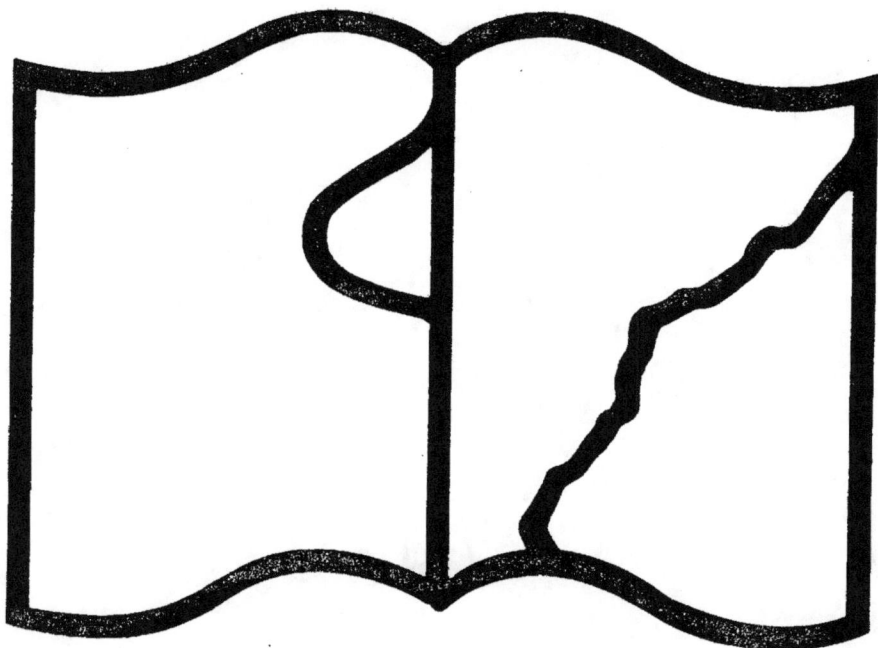

Texte détérioré — reliure défectueuse

NF Z 43-120-11